भले लोगों के साथ बुरा क्यों?
और अन्य टी.वी. प्रवचन

प्रकाशक :
गीता पब्लिशिंग हाऊस
साधू वासवानी मिशन
10, साधू वासवानी पथ,
पुणे – 411001, (भारत).
gph@sadhuvaswani.org

Third Edition

ISBN: 978-8187662-60-0

मुद्रक :
Repro Knowledgecast Limited, Thane

भले लोगों के साथ बुरा क्यों?
और अन्य टी.वी प्रवचन

जे. पी. वासवानी

गीता पब्लिशिंग हाऊस
पुणे, भारत
www.dadavaswanisbooks.org

दादा जे.पी.वासवानी की अन्य हिंदी पुस्तकें

प्यार का मसीहा

दैनिक प्रेरणा

क्रोध को जलाएँ स्वयं को नहीं

आलवर संतों की महान गाथायें

संतों की लीला

साधु वासवानी उनका जीवन और शिक्षाएँ

आत्मिक जलपान

आत्मिक पोषण

भक्तों की उलझनों का सरल उपाय

प्रार्थना की शक्ति

ईश्वर तुझे प्रणाम!

सफल विवाह के दस रहस्य

मृत्यु है द्वार....फिर क्या?

जिसकी झोली में है प्यार!

लघु-कथाएँ

डर से मुक्ति पाएँ

श्रीमद्भगवद्गीता गागर में सागर

आपके कर्म, आपका भाग्य बनाते हैं!

क्षमा करो, सुखी रहो

साधु वासवानी उवाच

चाहत है मुझे इक तेरी, तेरी

वृंदावन का बालक

सर्वोत्तम संबंध (गुरु और शिष्य)

विषय सूची

1. भले लोगों के साथ बुरा क्यों? — 1
2. भले लोगों के साथ बुरा क्यों? — 9
3. भले लोगों के साथ बुरा क्यों? — 16
4. भले लोगों के साथ बुरा क्यों? — 23
5. भले लोगों के साथ बुरा क्यों? — 30
6. राम नाम की महिमा — 38
7. गीता की शिक्षा — 48
8. धैर्य और सहनशीलता — 58
9. तैयारी की है या नहीं, तैयारी कर रहे हैं या नहीं? — 68
10. आत्म-निर्भर बनो — 77
11. "इश्क मिजाजी, इश्क हकीकी।" — 86
12. निर्मल कर्म — 95
13. पाप से मोक्ष पाने की राह — 105
14. "जिन चाख्या से जन तृप्तानी!" — 115
15. दुःख की दवा मिलेगी? — 123
16. कच्च और देवयानी — 133
17. सही सोच की शक्ति — 142
18. सच्चे भक्त के गुण — 151
19. ऋषि अरूनी और उनकी शिक्षा — 160
20. गुरु और शिष्य — 169

संकलनकर्ता की ओर से

इस किताब में दादा जे.पी. वासवानीजी के टी.वी. के सोनी चैनल पर प्रसारित, प्रेरणादायक प्रवचनों में से कुछ प्रवचन संग्रहित किये गये हैं। दर्शकों ने इन प्रवचनों को बहुत सराहा और उनकी इस ओर रुचि जागृत हुई। वे दादा जे.पी. वासवानी जी द्वारा प्रतिपादित सकारात्मक व उपयोगी जीवन-दर्शन के बारे में और अधिक जानने के इच्छुक थे। दादा के प्रवचनों का यह संग्रह उन लोगों की इच्छा का परिणाम स्वरूप है। इस पुस्तक से आपको दादा जे.पी. वासवानी जी द्वारा अभिव्यक्त अनादि-अनंत सच्चाइयों के बारे में जानने व चिंतन-मनन करने की प्रेरणा मिलेगी।

दुनिया भर के आध्यात्मिक रुचि रखने वाले साधकों के बीच दादा वासवानी जी का नाम नया नहीं है। वे एक वैज्ञानिक, दार्शनिक, शिक्षा-शास्त्री, परोपकारी और धार्मिक महापुरुष हैं।

निष्पक्ष होकर सेवा कार्य में लगी हुई विश्व-प्रसिद्ध संस्था "साधु वासवानी मिशन" के लिए दादा आध्यात्मिक गुरु व मार्ग-दर्शक हैं। दादाजी ने बहुत लिखा है और वे प्रभावशाली वक्ता हैं। कई देशों के प्रतिष्ठित लोगों की सभाओं में उन्होंने प्रवचन दिये हैं।

इन्होंने सिंधी भाषा व अंग्रेजी में पचहत्तर (75) से अधिक पुस्तकें लिखी हैं, जिनका भारतीय व कई विदेशी भाषाओं में अनुवाद हुआ है।

अपने हिन्दी पाठकों के सामने दादाजी के हिन्दी में दिये गये प्रवचनों व मूल रचना प्रस्तुत करते हुए हमें बड़ी खुशी हो रही है।

दादाजी उपदेशक नहीं हैं। वे केवल शब्दों को नहीं, बल्कि उन शब्दों को जीवन में धारण करने को महत्त्व देते हैं।

वे कोई कड़े नियम बनाकर उन पर चलने को नहीं कहते। वे हमें जीने की कला के नुसखे बताते हैं, जिन्हें हम आज़मा सकते हैं–यदि हम चाहें। वे हमें केवल सुझाव देते हैं, जिन्हें हम अपनी इच्छानुसार अपना सकते हैं।

वे हमें बड़े व्यावहारिक टोटके बताते हैं, जो अपनाने में सरल हैं और हमें स्वस्थ, प्रसन्न व सुसंगत और संतुलित जीवन जीने का रहस्य बताते हैं।

आइये हम दादाजी की विनोदपूर्ण बुद्धिमत्ता का लाभ उठायें।

–कृष्ण कुमारी

1
भले लोगों के साथ बुरा क्यों?

मेरे प्यारे भाइयो और बहनो, आप सबको मेरा हार्दिक प्रणाम! हमारा संपूर्ण जीवन एक यात्रा है। यह जीवन खुशियों और दु:खों के अनुभवों से भरा है। इस संसार में आपको कोई ऐसा व्यक्ति नहीं मिलेगा, जिसके जीवन में उतार-चढ़ाव नहीं आये हों। हर दिन हमारे लिये नया होता है। जब सुख आता है तो हम हँसते हैं, खुश होते हैं। कुछ लोग खुशी में ईश्वर के गुण गाते हैं, कुछ उसका धन्यवाद करते हैं। किंतु कुछ लोग ऐसे भी होते हैं, जो खुशी में ईश्वर को भूल ही जाते हैं। जब दु:ख आता है, तो हम रोने लगते हैं। कुछ लोग तो निराश होकर अपना मानसिक संतुलन खो बैठते हैं।

एक युवक ने मुंबई में अपना दवाइयों का व्यापार फैलाया। जब व्यापार बहुत बढ़ गया, तो उसने सारा व्यापार अपने साथी को देकर आध्यात्मिक मार्ग पर साधना शुरू कर दी। उसे अपने साथी पर बहुत विश्वास था, परंतु वह गलत था। उसे मालूम पड़ा कि जिस पर उसने विश्वास किया था, उसने उसके पूरे व्यापार को डुबो दिया और सारा पैसा गबन कर, उसका दिवाला निकाल दिया। उसने सोचा कि अब यहाँ नहीं रहूँगा। विदेश में जाकर पैसा कमाऊँगा और फिर यहाँ भारत में आकर अपना व्यापार फैलाऊँगा। उसके बाद अपनी साधना फिर से शुरू करूँगा। उसने Los Angeles में एक दुकान खोली। एक दिन दोपहर को उसकी दुकान में दो हब्शी घुस आये और उन्होंने पिस्तौल

की नोक पर उसका सारा धन छीन लिया। उस युवक ने मुझे एक पत्र लिखा। उसमें लिखा: मैं आपको यह पत्र अपनी आँसू भरी आँखों से लिख रहा हूँ–आखिर मेरे साथ ही ऐसा क्यों हुआ? मैं तो रोज़ सुबह भगवान की पूजा करता हूँ, साधना करता हूँ, उनका ही नाम लेकर दुकान खोलता हूँ। रात को भी उन्हीं का नाम लेकर सोता हूँ। मैं कभी किसी को नहीं सताता, कभी किसी को धोखा नहीं देता, बल्कि लोग ही मुझे धोखा देते हैं, मेरा फायदा उठाते हैं। यहाँ इतनी सारी दुकानें थीं, लेकिन वे लुटेरे मेरी ही दुकान लूटने क्यों आये? ऐसा क्यों है कि इस दुनिया में भले लोगों को ही तकलीफें आती हैं?

मेरे प्यारे भाइयो और बहनो, आपने भी आस-पास कई लोगों को ऐसे आघात झेलते हुए देखा होगा और यह प्रश्न आपके अंदर भी उठा होगा कि भले लोगों को कष्ट और तकलीफें क्यों उठानी पड़ती हैं? क्या ईश्वर सचमुच हमारा मंगल चाहते हैं और क्या उसकी हर करनी में हमारी भलाई छिपी है?

आज हम इसी विषय पर चर्चा करेंगे। एक यहूदी रब्बी ने एक किताब लिखी है- "When bad things happen to good people." इस किताब में उसने अपने तीन वर्ष के बच्चे के बारे में लिखा है, जिसे Progeria नामक बीमारी हो गई थी। डॉक्टरों ने उसे बताया, कि तुम्हारा यह बच्चा तीन फुट से ज्यादा नहीं बढ़ पायेगा, यह गंजा होगा, बचपन में ही बूढ़ा दिखने लगेगा। लेकिन यहूदी रब्बी कहता है–मैंने तो अपना जीवन प्रभु को अर्पण कर दिया है, फिर मेरे बच्चे के साथ ऐसा क्यों हुआ? वह तो मासूम है, निष्पाप है। उसने आज तक कोई गलत काम नहीं किया है, फिर उसे ऐसा मानसिक और शारीरिक दु:ख क्यों? इसका क्या कारण हो सकता है? यहूदी रब्बी ने ऐसे कई उदाहरण अपनी पुस्तक में दिये हैं और अंत में वह इस नतीजे पर पहुँचा कि ईश्वर सर्वशक्तिमान नहीं है, जैसा कि हम समझते हैं। ऐसी बहुत सी बातें हैं, जिनपर उसका वश नहीं चलता। इस तरह की मुश्किलें आती

हैं, तो वह केवल एक दर्शक बन जाता है, परंतु कुछ कर नहीं पाता।

नहीं प्रियजनों! मैं इस बात से सहमत नहीं हूँ। हमारे ऋषियों और मुनियों ने हमें यह नहीं कहा है। उन्होंने सिखाया है कि यह सब हमारे कर्मों का फल है।

आपने डाक्टर Annie Beasant का नाम सुना है। उन्होंने Theosophical Society of India की स्थापना की। वह New Review नामक पत्रिका के Editorial Staff पर थीं। वह एक ज्ञानी स्त्री थी। उन्होंने एक बच्चे को जन्म दिया। बच्चा अभी तीन-चार दिन का ही था, तो उसे एक अजीब सी बीमारी हुई। उसका बुखार बढ़ता और उसे दौरे पड़ने लगते। माँ अपने मासूम बच्चे की यह हालत देख नहीं पाती थी। उसके मन में भी यह सवाल उठा कि सब कहते हैं, ईश्वर दयालु है। कहाँ है उनकी दया? कहाँ है उसका प्यार? इस मासूम बच्चे ने किसी का क्या बिगाड़ा है? ईश्वर आखिर है कहाँ?

एक दिन उनके संपादक ने उन्हें समीक्षा के लिए एक पुस्तक भेजी जिसका शीर्षक था "The Secret Doctrine" जिसकी लेखिका थी Madam H.P Blavatsky. जब Annie Beasent ने यह पुस्तक समीक्षा के लिये पढ़नी शुरू की, तो उसमें एक अध्याय था, "कर्म और पुनर्जन्म"। उन्होंने इस अध्याय को बार-बार पढ़ा, और कहा कि अब मानो मुझ में नया जीवन आ गया है। अब मैं यह जान गई हूँ कि मेरा नन्हा बच्चा इस भयानक बीमारी का शिकार क्यों है? कारण, इस जीवन से पहले हम कई जीवन जी चुके हैं और यह जीवन तो उसकी केवल एक कड़ी है। इस बच्चे ने पिछले जन्मों में कुछ ऐसे कर्म किये होंगे, जिसके कारण ही इसकी आज ऐसी दशा है।

मेरे प्यारे भाइयो और बहनो, एक बात आप स्पष्ट रूप से समझ लें कि हमारे जीवन में जो कुछ हो रहा है, जो कुछ भी घट रहा है, उसमें प्रभु का कोई हाथ नहीं है। हमारे जीवन की एक-एक बात के

लिए हम स्वयं ज़िम्मेदार हैं। हम जैसे कर्म करते हैं, वैसा ही हमें फल मिलता है। संन्यासी हो या राजा, भिखारी हो या दानी, मूर्ख हो या विद्वान, कंजूस हो या परोपकारी, "जो बोओगे, सो पाओगे!"

यह नियम हर व्यक्ति, हर समूह, हर समाज, हर राष्ट्र पर समान रूप से लागू होता है। इसलिए पहले ज़रूरी है, आप चार बातें अच्छी तरह समझ लें।

पहली बात: ईश्वर ने हर मनुष्य को अच्छे और बुरे, पाप और पुण्य, स्वार्थ और परोपकार के बीच चुनाव करने की पूरी स्वतंत्रता दी है। अब मनुष्य पर निर्भर करता है कि वह किसका चुनाव करता है। आपके अच्छे कर्म आपको अच्छा फल देंगे और बुरे कर्म करने से आपको बुरा फल मिलेगा। संसार एक चक्र है, यहाँ जो कुछ आप दूसरों को देते हैं, वही आपके पास लौटकर आता है। चाहे उनकी वापसी आज न हो परंतु भविष्य में कभी न कभी ज़रूर होगी।

मनुष्य अपनी इच्छाओं का स्वयं मालिक है। उसे अपनी पसंद चुनने की पूरी आज़ादी है। उपनिषदों में इसे प्रेय और श्रेय कहा गया है। प्रेय का अर्थ है भोग, मौज-मस्ती और राग-रंग, जो हमें विनाश की ओर ले जाता है। श्रेय का पथ हमेशा लाभदायक है। इस पथ पर चलने से शुरू-शुरू में रुकावटें आती हैं, कष्ट आते हैं, परंतु इसके कष्ट हमें कुंदन की तरह तपाकर, अंदर की आत्मिक शक्ति को उजागर करते हैं। हर कदम पर हमें पसंद और नापसंद करने की स्वतंत्रता है।

याद रखिये, यदि हमें चुनाव का अधिकार है, चुनाव की स्वतंत्रता है, तो ज़िम्मेदारी का भार भी हम पर ही है। इन्सान के जीवन में एक-एक कदम पर उसे चुनाव करने की आज़ादी दी गयी है। यदि वह बुराई के रास्ते पर चलेगा, तो वह आगे नहीं बढ़ पायेगा, किंतु उसके लिए हम ईश्वर को कैसे दोषी ठहरा सकते हैं? मनुष्य और पशु में यही अंतर है।

पशुओं को अपनी मर्ज़ी से कोई कर्म करने की स्वतंत्रता नहीं है। पशु का हर कार्य बिना किसी प्रयोजन के होता है। वह अपनी प्रवृत्ति के वश होकर हर कर्म करता है। मान लीजिये, कोई व्यक्ति एक जंगल से गुज़र रहा है। उस जंगल में एक भूखा शेर है। वह जैसे ही उसे देखता है, उस पर झपटकर उसे खा जाता है। अब क्या इसमें शेर का कोई दोष है? नहीं! उसे भूख लगी और उसने अपनी भूख मिटायी। उसके पास हिंसा के अलावा और कोई चारा नहीं था। अगर हमें भूख लगे और सामने कोई चूज़ा या बकरा दिखे, तो हमारे पास दो रास्ते हैं, या तो उन असहाय, मूक प्राणियों की हत्या कर अपनी भूख मिटायें या सब्जी तरकारी से अपनी भूख मिटायें। यह हमारी मर्ज़ी और पसंद पर निर्भर करता है। अगर हमारा फैसला गलत हुआ, तो उसका गलत नतीजा होगा, और वह हमें ही भुगतना होगा।

अपने स्वार्थ के लिए किसी प्राणी का वध करने का हमें कोई अधिकार नहीं है। जीवन तो प्रभु की देन है। यदि मैं किसी को जीवन दे नहीं सकता, तो भला किसी का जीवन लेने का मुझे क्या हक है? सही और गलत में से, जो हम चुनते हैं, वही हमारे सामने आता है।

अगर बुराई का रास्ता चुनेंगे, तो दुःख तो भोगना पड़ेगा। हर मौज की जड़ में दर्द का बीज होता है और एक-न-एक दिन उससे फल ज़रूर निकलेगा। जब हम मौज-मस्ती में होते हैं तो अक्सर ईश्वर को भूल जाते हैं और जब हम पर विपत्ति आती है तो सीधा ईश्वर के पास दुहाई लेकर जाते हैं। उससे कहते हैं, यह तुमने क्या किया?

दूसरी बात यह कि जब हम पर मुसीबत आती है, कष्ट आते हैं, बीमारी आती है तो हम हाहाकार करते हैं, किंतु जब जीवन में सुख भरे अनुभव आते हैं, खुशियाँ मिलती हैं, तब तो हम प्रभु से नहीं कहते कि मैं तो इस लायक नहीं हूँ, प्रभु आपकी बड़ी कृपा है।

मेरे प्यारे भाइयो और बहनो! जब वर्षों बाद किसी को संतान होती

है, किसी की लॉटरी लगती है, किसी की तरक्की होती है, तब तो हम प्रभु से नहीं कहते, यह तुमने क्या किया? सुख पर अपना अधिकार समझकर उसे खुशी से स्वीकार कर लेते हैं।

तीसरी बात, आप दो कागज़ के पन्ने लीजिये। एक पन्ने पर अपने सारे अच्छे कार्य लिखें, जो आज तक आपने किये हैं। दूसरे पन्ने पर सारे बुरे कार्य ईमानदारी से लिखें जो आपने आज तक किये हैं। लिखने के बाद गौर से दोनों पन्नों पर लिखे गये अच्छे और बुरे कर्मों को देखें। आप स्वयं ही ईश्वर के सामने हाथ जोड़कर उनसे दया की भीख माँगने लगेंगे, क्योंकि आपके बुरे कर्मों की लिस्ट, अच्छे कर्मों की लिस्ट से कहीं लंबी होगी। इतना सब कुछ करने पर क्या ईश्वर से यह प्रश्न करना उचित होगा कि वे हमारे साथ न्याय करते हैं या नहीं?

चौथी बात यह कि जब भी दुःख आता है, तो ईश्वर उसको सहन करने की शक्ति और बुद्धि भी अवश्य देता है। ये एक ही सिक्के के दो पहलू हैं। एक तरफ संकट और दूसरी तरफ बुद्धि और शक्ति। ये कभी अकेले नहीं आते। वर्ना आज हम सब दुःखों से घबराकर दम तोड़ चुके होते किंतु हम जिंदा हैं, सांस ले रहे हैं, इससे साबित होता है कि दुःख के साथ, उस दुःख को सहन करने की शक्ति भी हमारे पास आती है।

एक महान् लेखक और उपदेशक, जिनका नाम William है। उन्होंने कई सुंदर पुस्तकें लिखी हैं। William की एक बेटी थी, जिसे वे बहुत प्यार करते थे। वे अपनी इकलौती संतान के विवाह की तैयारियाँ कर रहे थे कि अचानक उनकी बेटी की डूबने से मृत्यु हो गई, किंतु William ने कहा, "मुझे इस बात से कोई लेना-देना नहीं है कि ईश्वर ने समुद्र के तूफान को रोका या नहीं। मैं तो केवल इतना जानता हूँ कि ईश्वर ने मेरे दिल के अंदर उठने वाले दुःख के तूफान को रोक लिया है। प्रभु दुःख के साथ सहन शक्ति भी भेजता है।"

अब आप इन चार बातों पर गौर करेंगे, तो आपको कर्म का सिद्धांत समझ में आ जायेगा और अगर आपको एक बार कर्म का सिद्धांत समझ में आ जाये तो आपको पता चलेगा कि मनुष्य को दु:ख और कष्ट क्यों झेलने पड़ते हैं?

पिछले जन्मों के कर्मों से हमारा आज का भाग्य बना है। कर्म के सिद्धांत की दो मूल बातें हैं। एक कारण और दूसरा प्रभाव। आज हमारे साथ जो कुछ भी हो रहा है उसका अवश्य कोई न कोई कारण है।

देखिये, जब हमारी दोनों हथेलियाँ आपस में टकराती हैं तो हमें तालियों की गूंज सुनाई देती है। ध्वनि तो केवल प्रतिक्रिया थी। क्रिया थी दो हथेलियों का आपस में टकराना। यह एक वैज्ञानिक सिद्धांत है और हर किसी पर समान रूप से लागू होता है।

कर्म के सिद्धांत की दो बातें हैं। पहली बात, जैसा आप सोचते हैं, वैसे आप बन जाते हैं। हम कई बार अपने विचारों पर कम ध्यान देते हैं। हम सोचते हैं, इससे क्या फर्क पड़ता है। यह तो सिर्फ छोटा सा विचार है। नहीं, मेरे प्यारे भाइयो और बहनो, आज और इसी पल से यह बात याद रखिये कि आपके विचारों में बहुत बड़ी शक्ति है। आपके विचार आपके भविष्य की इमारत बनाते हैं। कई ऐसे लोग हैं जो अपने ग्रहों को कोसते रहते हैं या कहते हैं: क्या करें, हमारे भाग्य में ऐसा ही लिखा है। नहीं, ऐसा नहीं है, अपने भाग्य को बनाना या बिगाड़ना आपके ही हाथ में है।

क्या आप जानते हैं, आपका भाग्य कैसे बनता है? आपका भाग्य बनता है, आपके विचारों से। आपका भविष्य आपके विचारों पर आधारित है। मान लो, जब कोई विचार आपके मन में उठता है और आप बार-बार उस विचार पर सोचते रहते हैं, तो वह आपको कर्म करने को मजबूर करेगा। अगर यह विचार अपवित्र होगा तो वह आपको अपवित्रता की ओर ले जायेगा। एक ही कर्म बार-बार करने से आदत

बन जाती है। आदतों से ही चरित्र का निर्माण होता है और चरित्र से भाग्य बनता है।

तो आपको अपनी सोच बदलनी होगी।आप एक कंप्यूटर हैं। अगर अच्छे विचार वाले प्रोग्राम डालेंगे तो भविष्य अच्छा ही होगा। आज बस यहीं तक शेष कल।

ॐ शांति, शांति, शांति !

2
भले लोगों के साथ बुरा क्यों?

मेरे प्यारे भाइयो और बहनो, आप सब को मेरा हार्दिक प्रणाम! जैसा कि कल हम कर्म के सिद्धांत को समझने का प्रयास कर रहे थे और हमने देखा कि कर्म के दो पहलू हैं, एक कारण और दूसरा उसका प्रभाव यह एक वैज्ञानिक कानून है। विज्ञान की हर शाखा में, चाहे वह भौतिक विज्ञान हो या रसायन विज्ञान या जीव विज्ञान हो, सभी में कारण और प्रभाव का कानून होता है। हमारे प्राचीन ऋषियों ने आत्म-विद्या पर बहुत खोज की थी।

आत्म-विद्या का अर्थ है मनुष्य को अपने मूल स्वरूप को पहचानना, स्वयं को विशाल रूप में जानना, ऊँचे रूप में जानना। ऐसा ज्ञान हो जाये कि मैं सिर्फ यह तुच्छ अहंकार नहीं हूँ, जो मेरा सारा ध्यान अपनी तरफ खींचता रहता है। कर्म का कानून है कि आप जो भी कर्म करेंगे, उसका प्रभाव अवश्य होगा। संसार में बिना कारण के कोई काम नहीं होता। कल हमने जो किया, उससे हमारा आज जन्मा। आज हम जो करेंगे, उससे हमारे भविष्य का निर्माण होगा।

मुझे एक संत की याद है। जिन्होंने संन्यास लेने से पहले सेना में नौकरी की थी। एक बार उन्होंने जीवन का सच्चा अनुभव सुनाया। उन्होंने कहा: मैं रावलपिन्डी में था। वहाँ से हमें ब्रिटिशों के खिलाफ बगावत करने वाले पठानों को रोकने के लिए काबुल भेजा गया। हमारे

साथ एक भारतीय सिपाही था, जो एक घोड़ी पर सवार था। सिपाही की घोड़ी उसके काबू से बाहर हो गयी और वह शत्रु के तम्बू में जा पहुँची। पठानों ने घोड़ी और सिपाही दोनों को गोली मार दी। उसके घर पर खबर भेजी गयी। उसकी वसीयत के अनुसार उसका संबंधी आया और उसकी सारी रकम लेकर चला गया। इस सिपाही ने एक बनिये के पास अपने दो हज़ार रुपये जमा करवाये थे। बनिये ने सोचा यह बात किसी को मालूम नहीं है। उसने सिपाही के पैसे हड़प लिये उसके रिश्तेदारों को नहीं लौटाये।

इस बात को बीस साल हो गये। भारत आज़ाद हो चुका था। संत ने कहा, मैंने सेना छोड़कर संन्यास ले लिया। एक बार, मैं अपने कुछ भक्तों के साथ हरिद्वार गया। वापसी में हम एक शाम सहारनपुर में रुके। वहीं, वह सेना वाला बनिया मिला। उसने कहा: मैं वही बनिया हूँ जो फौज को राशन देता था। चलिये, मेरे घर चलिये। आज रात आपको मेरे घर पर रुकना होगा। हम उसका कहना टाल नहीं सके। उसने कई तरह के भोजन बनवाये, और हमारी आव-भगत की जैसे ही हम खाना खाने बैठे, अंदर के कमरे से किसी के रोने की आवाज़ आने लगी। हमने पूछा—अंदर कौन रो रहा है? बनिये ने कहा, आप कृपया भोजन करें।

हमने कहा—नहीं, घर में कोई विलाप कर रहा है और हम दावत खायें? पहले आप बताइये कौन रो रहा है और क्यों? वर्ना हम भोजन को हाथ भी नहीं लगायेंगे। बनिया बोला—क्या बताऊँ अभी दो तीन दिन पहले मेरे इकलौते बेटे का देहान्त हो गया है। अंदर उसकी विधवा पत्नी शोक मना रही है। केवल सत्रह साल की है। अपने दुर्भाग्य पर रोयेगी नहीं तो और क्या करेगी?

मेरे सभी साथी हैरान हो गये कि बेटे की मौत को अभी दो तीन दिन भी नहीं हुए, और इसने हमारे सामने इतने पकवान रखे हैं। उनसे रहा न गया, उन्होंने पूछा—घर में मौत हुई है, फिर आपने हमें खाने पर क्यों बुलाया है?

बनिये ने कहा–ठीक है, अगर आप कारण जानना ही चाहते हैं, तो सुनिये। बीस वर्ष पहले जब मेरा सेना के साथ ठेका खत्म हो गया, तो मैं अपने घर आ गया और मैंने एक दुकान खोली। दो साल के बाद मैंने शादी की और मुझे एक बेटा हुआ। मैंने उसके लालन-पालन में कोई कमी नहीं की। अच्छी शिक्षा दी, अच्छा माहौल दिया, उसकी अच्छी परवरिश की, समय आने पर मैंने उसका विवाह एक सुंदर कन्या से कर दिया। शादी के बाद वह बीमार पड़ गया। मैंने कई डॉक्टरों, वैद्यों और हकीमों से इलाज करवाया परंतु उसकी दशा दिन-ब-दिन बिगड़ती गयी। आखिर में किसी ने मुझसे एक मौलवी से इलाज करवाने के लिए कहा। मैंने मौलवी को बुलवाया। उसने कुछ मंत्र बोले। मेरे पास उस वक्त उसे देने के लिए दो रुपये ही थे। मैंने उसे रुपये देते हुये कहा, इस वक्त मेरे पास इतने ही पैसे हैं। मैं आपको बाद में और पैसे दे दूँगा। जैसे ही मैंने वे पैसे मौलवी के हाथ पर रखे, मेरा बेटा ज़ोर से हँसा।

मौलवी बोला–देखा, मेरी पहली कोशिश में ही तुम्हारा बेटा हँसने लगा। यह इलाज उसको अवश्य जल्दी ही ठीक कर देगा।जब मौलवी चला गया, तो मैंने अपने बेटे से पूछा, तू क्यों हँसा? क्या तुझे अब कुछ आराम महसूस हो रहा है?

बेटे ने कहा–हाँ पिताजी! मुझे काफी आराम है। बेटे ने बताया मैं वही भारतीय सिपाही हूँ, जिसने तुम्हारे पास दो हज़ार रुपये जमा किये थे। तुमने वे रुपये हड़प लिये और मेरे रिश्तेदार को नहीं दिये। इसलिये उन पैसों को वसूल करने के लिये मैंने आपके घर में जन्म लिया। आखिरी जो दो रुपये आपने मौलवी को दिये थे, बस उसी के साथ ही आपने मेरा सारा कर्ज़ चुका दिया, इसलिए मैं हँसा। अब आपके पास मेरा समय पूरा हो चुका है। मैंने आप से सारा पैसा वसूल कर लिया है, अब मैं जा रहा हूँ।

पिता ने कहा–तुम्हारी अभी-अभी शादी हुई है, नयी नवेली दुल्हन घर में है, तुम इतनी जल्दी कैसे जा सकते हो? बेटे ने कहा: यह दुल्हन

वही घोड़ी है, जिसने बीस साल पहले मेरी अवज्ञा की थी और शत्रु की छावनी में घुस गयी थी, जिसके कारण मुझे और इसको शत्रु ने गोली मार दी। बस उसी का बदला चुकाने के लिये, मैं अभी उसे जिंदगी भर विधवा के रूप में रोता हुआ छोड़कर जा रहा हूँ।

पता नहीं, इस कहानी में कितनी सच्चाई है? परंतु इससे यह तो सिद्ध होता है कि हमारे साथ जो कुछ भी होता है, वह कर्मों के सिद्धांत के अनुसार ही होता है। यह एक अटल सिद्धांत है, जिसे हम आसानी से समझ नहीं सकते, परंतु इससे बच भी नहीं सकते।

ऐसा कहा जाता है कि हम सभी, जन्म से एक समान पैदा होते हैं, किन्तु कोई इतना मूर्ख नहीं जो इस बात को मान ले कि हम सब समान हैं। सब की योग्यता अलग-अलग होती है। सबका लक्ष्य अलग-अलग होता है, सबका माहौल अलग-अलग होता है।

एक ही परिवार के सभी बच्चे समान नहीं होते। कोई बहुत योग्य निकलता है, तो कोई अंगूठा छाप होता है। मैं ऐसे एक परिवार को जानता हूँ, जिनका एक बेटा कलेक्टर है और दूसरा कहीं मज़दूरी करता है। माँ बच्चों को जन्म तो दे सकती है, लेकिन उनका भाग्य नहीं लिख सकती।

कर्म के सिद्धांत की दूसरी बात है "जैसा बोओगे, वैसा पाओगे।"

ईश्वर ने हम सबको जीवन की खेती कर्मों के बीज बोने के लिए दी है। संसार में चाहे कोई गरीब हो, चाहे कोई दुःखी या दीन हो, हर एक को यह खेती दी गयी है। श्रीमद्भगवद्गीता में इसे क्षेत्र कहा गया है। अब इस क्षेत्र में कैसे बीज बोने हैं, यह आप पर निर्भर करता है। याद रखिये कि आप का हर विचार, हर बोला हुआ शब्द, हर एक छोटा-बड़ा काम, आप की हर भावना, हर एक इच्छा है - एक बीज के समान, जो आप इस क्षेत्र में बोते हैं।

जिंदगी में कई बार हम रात के अंधेरे में कुछ काम करते हैं और

सोचते हैं किसी ने नहीं देखा, परंतु हमारी जिंदगी की खेती में तो ये बीज पड़ चुके, चाहे यह क्रिया आज, कल, या सौ वर्षों के बाद हो।

हमारे प्राचीन ऋषि अपने शिष्यों को यही शिक्षा देते थे कि हमेशा सावधान रहो, अपने हर कार्य पर नज़र रखो। इस तरह का जीवन जीयो, मानो ईश्वर आपके सामने खड़े हैं। उपनिषदों में यह कथा है—एक बार दो युवक किसी गुरु के आश्रम में शिक्षा लेने पहुँचे। गुरु उन दोनों की परीक्षा लेना चाहते थे, इसलिए दोनों के हाथ में एक-एक नारियल दिया। उनसे कहा—जाओ कहीं ऐसी जगह जाकर इन्हें तोड़ो, जहाँ कोई न हो। पहला शिष्य तो किसी गुफा में जाकर नारियल को तोड़कर ले आया। दूसरा शिष्य तो शाम होने के बाद, नारियल को बिना तोड़े ही वापस लौट आया।

पहले शिष्य ने उससे पूछा—क्या तुम्हें कोई ऐसी जगह नहीं मिली, जहाँ तुम नारियल फोड़ सको? तुम मेरे साथ क्यों नहीं आये? वहाँ तो कई गुफायें थीं। तुम किसी दूसरी गुफा में जाकर नारियल तोड़ लेते।

तब उसने कहा—मैं तो एक के बाद एक, कई अंधेरी गुफाओं में गया, लेकिन मुझे हर जगह ईश्वर की अनुभूति हो रही थी। वे तो हर जगह मौजूद हैं। मुझे तो ऐसी कोई जगह नहीं दिखायी पड़ी जहाँ ईश्वर न हो। प्रभु तो कण-कण में हैं।

मेरे प्रियजनों! प्रकृति में कोई न्यायालय नहीं होता। कोई न्यायाधीश, या पुलिसवाला नहीं होता, जो कानून तोड़ने पर आपको गिरफ्तार करे। परंतु, प्रकृति का नियम बहुत सरल है। जो बीज आपके खेत में पड़ा है, वह एक दिन वृक्ष बनेगा और आपको उसका फल मीठा हो या कड़वा, खाना ही पड़ेगा। गुरुदेव साधु वासवानीजी कहते थे, कि यदि कर्म के सिद्धांत को गहराई से समझना चाहते हो, तो किसी किसान के पास जाकर समझो। किसान तुम्हें बतायेंगे कि जो तुम बोओगे, वही तुम काटोगे। यदि तुम काँटे बोकर सारा जीवन ईश्वर से प्रार्थना करो कि हे

भगवान! मुझे आम देना, तो भी तुम्हें आम नहीं मिलेंगे।

आपके हर एक कर्म का फल आपको ही भोगना पड़ेगा। आपको इससे कोई नहीं बचा सकता। आप केवल इतना कर सकते हैं, कि आज आप अच्छे कर्म करें ताकि भविष्य में उसका फल अच्छा हो।

आपने रामायण पढ़ी होगी। जब राजा दशरथ युवा थे, अभी उनका विवाह भी नहीं हुआ था, एक दिन वे शिकार पर गये। संयोग से श्रवणकुमार भी अपने सूरदास वृद्ध माता-पिता को अपने कंधे पर दो टोकरियों की डोली में बिठाकर ले जा रहा था। उसके माता-पिता को प्यास लगी, तो वह एक जगह उन्हें बिठाकर पानी लाने के लिये तालाब के पास गया। तालाब से जैसे ही उसने पानी भरना चाहा तो उसे एक तीर लगा और वह ज़ख्मी हो गया। यह तीर राजा दशरथ ने चलाया था। जब वे तालाब के पास आये, तो वहाँ श्रवणकुमार को ज़ख्मी हालत में पाया। राजा दशरथ बहुत पछताने लगे। श्रवणकुमार ने राजा दशरथ से कहा, अब मैं बचूँगा नहीं। आप कृपा करके मेरे प्यासे सूरदास माता-पिता के पास जाइये और उन्हें पानी पिलाइये, इतना कहकर श्रवणकुमार ने अपने प्राण त्याग दिये।

जब राजा दशरथ श्रवणकुमार के माता-पिता के पास पानी लेकर गये और उन्हें सारी बात बतायी, तो श्रवणकुमार के असहाय, सूरदास और लाचार माता-पिता इस आघात को सह नहीं पाये। उन्होंने राजा दशरथ को श्राप दिया, कि जिस तरह हम अपने पुत्र के वियोग में तड़प रहे हैं और अब हम उसके बिना जीवित नहीं रह पायेंगे। हम अपने प्राण त्याग देंगे। तुम भी इसी प्रकार अपने पुत्र के वियोग में तड़पोगे और अपने प्राण त्याग दोगे। आज हमारी मृत्यु के समय हमारा पुत्र हमारे साथ नहीं है, हम कितने अभागे हैं। बस ऐसा ही तुम्हारे साथ होगा। तुम्हारे अंतिम समय में तुम्हारा कोई पुत्र भी तुम्हारे पास नहीं होगा।

इस कर्म का फल राजा दशरथ को तुरंत नही मिला क्योंकि उनका

विवाह ही नहीं हुआ था। अगर विवाह नहीं होता, तो शायद श्राप से बच भी जाते। राजा दशरथ ने तीन बार विवाह किया और उन्हें चार पुत्र प्राप्त हुए। सबसे बड़े पुत्र थे श्री राम। श्री राम न केवल अपने पिता की आँखों के तारे थे, बल्कि पूरे राज्य के लोगों की आँखों के तारे थे।

जब राजा दशरथ ने श्री राम का राजतिलक करने की घोषणा की, तो सबसे छोटी रानी कैकयी को यह बात पसन्द नहीं आयी। वह अपने बेटे भरत को आयोध्या का राजा बनाना चाहती थी। कैकयी ने एक बार राजा दशरथ के युद्ध में प्राण बचाये थे। इसके बदले में राजा ने उन्हें दो वर देने का वचन दिया था। रानी ने श्री राम के राजतिलक होने से पहले, राजा दशरथ से अपने दो वर माँगे। पहला वर माँगा कि श्री राम की जगह भरत का राज्याभिषेक हो, और दूसरा श्री राम को चौदह साल का बनवास हो।

रघुकुल रीत सदा चली आइ।।
प्राण जाइ पर वचन न जाइ।।।

राजा को अपना वचन निभाना था। उन्होंने रानी कैकयी की इच्छा को पूर्ण किया। श्री राम जैसे ही बनवास गये, राजा दशरथ अपने पुत्र के वियोग में तड़पने लगे और उन्होंने अपने प्राण त्याग दिये। भगवान श्री राम, जो सर्वशक्तिमान थे, विष्णु का अवतार माने जाते हैं, वे भी अपने पिता राजा दशरथ को कर्म बंधन से मुक्त नहीं कर पाये।कर्म का फल एक-एक को स्वयं ही भोगना पड़ता है।आज बस इतना ही आगे की चर्चा कल करेंगे।

ॐ शांति, शांति, शांति।

□□□

3
भले लोगों के साथ बुरा क्यों?

मेरे प्यारे भाइयो और बहनो आप सब को मेरा हार्दिक प्रणाम! आज चारों ओर अत्याचार और ज़ुल्म दिखायी दे रहा है, यहाँ हर आदमी उदास व बेचैन है। यह सब हमारी अज्ञानता के कारण हो रहा है। आज की सबसे बड़ी ज़रूरत है कि हम अपनी चेतना को जगायें, कर्म के कानून को अच्छी तरह समझें। जो कुछ हम दूसरों के साथ करते हैं, वही वापस लौटकर हमारे पास आता है। यह जिंदगी का नियम है, आपकी बुराई, अत्याचार और क्रूरता, एक दिन आपके पास ही वापस लौट आयेंगे।

महाभारत में राजा धृतराष्ट्र का उदाहरण है। जब युद्ध समाप्त हो गया तो श्रीकृष्ण पांडवों, कौरवों और अन्य लोगों के सामने बोले—अब मेरा द्वारिका वापस लौटने का समय आ गया है परंतु जाने से पहले क्या मैं आपकी कोई सहायता कर सकता हूँ?

तब धृतराष्ट्र ने पूछा—कृपया मुझे बताइये कि मैंने सदा ही सबसे अच्छा व्यवहार किया, कभी किसी को दुःख नहीं दिया, फिर क्यों मैं दृष्टिहीन हूँ और मेरे सौ के सौ पुत्र युद्ध में मारे गये?

भगवान श्री कृष्ण ने कहा, "राजन, जब तुम ध्यान द्वारा अपने अंतर में उतरोगे, तो तुम्हें इसका उत्तर स्वयं ही मिल जायेगा।"

धृतराष्ट्र ने ध्यान लगाकर अपनी सूक्ष्म चेतना में प्रवेश किया।

हमारी सूक्ष्म चेतना में हमारे पिछले कई जन्मों का लेखा-जोखा रहता है। धृतराष्ट्र ने देखा कि पिछले जन्म में वह एक दुष्ट राजा था। एक दिन, जब वह झील के किनारे टहल रहा था, तो उसने झील में एक राजहंस को सौ नन्हें हंसों के साथ देखा। राजा ने अपने सेवकों से कहा—इस राजहंस की सुंदर आँखें निकाल लो और इसके सब बच्चों को भी मार डालो। अब राजा धृतराष्ट्र को अपनी वेदना का उत्तर मिल चुका था।

एक समय था जब भारत का हर एक नागरिक इस सत्य को जानता था और अपने जीवन में कोई भी कर्म करता, तो बड़ी सावधानी से करता था। आज हम इस कर्म के नियम को भुलाकर भटक गये हैं। इसे फिर से अपने जीवन में उतारना होगा। ऐसा करने से मुझे लगता है कि हम नये भारत का निर्माण कर सकते हैं।

कर्म तीन प्रकार के हैं—

1. पहला—क्रियामान कर्म
2. दूसरा—संचित कर्म
3. तीसरा—प्रारब्ध कर्म

हमारे क्रियामान कर्म, संचित कर्म और प्रारब्ध कर्म समय-समय पर हमारे सामने सुख और दुःख के रूप में आते हैं। हमारा स्वभाव, हमारा जन्म, हमारी आदतें, हमारी चिंतायें, दूसरों के प्रति हमारा अच्छा या बुरा व्यवहार, ये भी सब हमारे पिछले किये गये कर्मों के अनुसार ही बनते हैं। हमारे साथ अचानक कोई दुर्घटना हो जाती है या कोई खज़ाना मिल जाता है। हमारा स्वास्थ्य बिगड़ जाता है या कोई जानलेवा रोग लग जाता है, यह सब कर्मों की गति है।

आगे चर्चा करने से पहले आपको एक पत्र के बारे में बताना चाहता हूँ। एक जिज्ञासु ने मुझे लिखा—मेरे मन में सवाल उठता है, कि यदि हम जो बोते हैं वही काटते हैं! यह कर्म और पूर्वजन्म का सिद्धान्त है। अगर इसे हम सच मान लें तो उन लोगों पर यह सिद्धान्त कैसे लागू

होगा, जिनका यह पहला जन्म है? उनके तो, पिछले जन्म के कोई कर्म साथ नहीं हैं। इन लोगों ने कभी बीज डाले ही नहीं। इन पर कर्म का कौन सा सिद्धान्त लागू होगा क्योंकि पिछले पचास सालों में हमारे देश की जनसंख्या कई गुना बढ़ गयी है। ऐसा कहते हैं, कि चौरासी लाख योनियाँ हैं और उसके बाद मानव योनि आती है और यह मानव योनि ईश्वर की अनमोल देन है।यदि मनुष्य के अलावा अन्य सभी प्राणी, जिन्हें ज्ञान नहीं होता, वे कर्म के नियम से आज़ाद हैं, तो मैं जानना चाहता हूँ कि जो पहली बार मनुष्य का जन्म लेते हैं, भगवान उन्हें कर्म के कौन से तराज़ू में तोलता है?

इसके उत्तर में, मैं गीता के ये शब्द कहूँगा, "गहन कर्मों गति" अर्थात कर्मों की गति न्यारी, अत्यंत गहरी है, सूक्ष्म है!

यह कर्मों का सिद्धान्त भी अति सूक्ष्म है। इसे हमारी साधारण बुद्धि नहीं समझ पायेगी। अगर इसे शब्दों में समझाने जायेंगे तो यह और भी उलझता जायेगा। यह शब्दों से परे है। जिस तरह संसार के कई रहस्य हम साधारण मनुष्य नहीं समझ पाते, वैसे ही यह सिद्धान्त समझना कठिन है।

अब जनसंख्या के विषय पर आते हैं। हमें यह नहीं भूलना चाहिये कि इस सारी सृष्टि में केवल पृथ्वी पर ही जीवन नहीं है। महान वैज्ञानिक Sir James Jeans ने कहा है कि यह पृथ्वी सौर मन्डल में एक धूल के कण बराबर है। इस सृष्टि में पृथ्वी जैसे कई अनगिनत ग्रह हैं इसलिये ईश्वर के लिये, इस पृथ्वी से दूसरे ग्रह पर जनसंख्या को भेजना बायें हाथ का खेल है। हो सकता है कि यह एक अनुमान हो, हमें इन बातों में नहीं अटकना है। सत्य तो यह है कि हम सभी कर्मों के बंधनों में बंधे प्राणी हैं। हमें मुक्ति पाने का यत्न करना चाहिये।

हमारे प्राचीन ग्रंथों मे तीन तरह के साधकों का वर्णन है। पहले हैं "नित्य मुक्त", दूसरे हैं "मुक्त" और तीसरे हैं "बद्ध"। इस विश्व में

ये तीन तरह के प्राणी हैं।

"नित्य मुक्त"–सदैव ही स्वतंत्र रहते हैं। वे कर्म के चक्र से मुक्त होते हैं। उन्हें कर्म का चक्र छू भी नहीं सकता।

दूसरे "मुक्त"–इनपर प्रभु की कृपा होती है। गुरु का आशीर्वाद होता है और यह स्वयं को कर्मों के चक्र से मुक्त करने में सफल हो जाते हैं।

तीसरे "बद्ध"–वे अपने कर्मों से बंधे हुए हैं। कई तो इस बात से अनजान हैं। एक बार गुरुदेव साधु वासवानीजी कराची में अपने घर 'कृष्टा कुंज' की छत पर टहल रहे थे। अचानक उन्होंने नीचे सड़क पर देखा और कहने लगे "कैदी, कैदी"। मैंने नीचे देखा, वहाँ तो कोई कैदी नहीं था। मैंने पूछा, "गुरुदेव, मुझे तो कोई कैदी नहीं दिखाई दे रहा है।" हमारा घर जेल के पास ही था। जेल के अफसर अक्सर कैदियों को वहाँ से कोर्ट ले जाते थे। परंतु आज तो सड़क पर कोई दिखाई नहीं दे रहा था। उत्तर में गुरुदेव साधु वासवानीजी ने जो कहा, वह आज भी मेरे कानों में गूँज रहा है। मैं उनपर हमेशा ही मनन करता रहा हूँ। वे शब्द थे, "ये सभी अपनी इच्छाओं और तृष्णाओं के कैदी हैं किंतु अफसोस, ये सब इस बात से अनजान हैं।"

सारे लोग अपनी तृष्णाओं के गुलाम हैं। संसार से हमें जो मिलता है, हम उस से खुश हैं। हम बच्चे के जन्म पर खुशियाँ मनाते हैं। जब अचानक उसकी मृत्यु हो जाती है, तो थोड़े समय तक रोते हैं और फिर से एक नये बच्चे को जन्म देते हैं। हम अपने बंधनों को महसूस नहीं करते, परंतु जो सचेत हो जाते हैं, वे अपनी मुक्ति का प्रयास करते हैं। जब ऐसी भावना हृदय में जागृत हो जाती है तो इसे मुमुक्षा कहा जाता है। उन्हें मुक्त कहते हैं, जो अपने यत्न से मुक्ति प्राप्त करते हैं।

तीसरा–जिसे मुक्ति की प्यास है और वह इस दिशा में आगे बढ़ रहा है। चौथा, जो इस संसार के भोगों में लिप्त है और उसे कोई तलाश

नहीं।

गौतम बुद्ध ने अपनी साधना से स्वयं मुक्ति पायी। उनका जन्म एक राज परिवार में हुआ, परंतु उन्होंने अपनी इच्छा से सारे बंधनों को तोड़कर मुक्ति का मार्ग अपनाया और स्वयं को कर्म चक्र से आज़ाद किया। भगवान बुद्ध ने अपने शिष्यों से कहा: पहला कर्म कब किया गया? ऐसा क्यों है कि कोई अमीर है तो कोई गरीब है? ईश्वर है या नहीं? अगर है तो कहाँ रहता है? इन व्यर्थ के सवालों में अपना जीवन मत गँवाओ। तुम केवल इस सत्य को जान लो कि तुम कर्मों के कैदी हो। कर्म के बंधन से बंधे हो। तुम्हें अपना समय इन बंधनों से मुक्त होने में लगाना चाहिये।

भगवान बुद्ध ने अपने शिष्यों को बताया, एक आदमी अपने घर में बैठा था कि अचानक उसके घर में आग लग गयी। आग बुझाने के लिये कई लोग आये। चारों तरफ आग की लपटें उठ रही थीं। लोग चिल्ला रहे थे, "आप बाहर निकलो हम सब आपको बचाने आये हैं। जल्दी से बाहर आ जाओ, वर्ना जल जाओगे।" वह बोला—मैं पहले आपसे तीन सवाल पूछता हूँ। यदि आप ने उनका उत्तर ठीक-ठीक दिया, तो मैं बाहर आऊँगा। लोग बोले—"अरे यह कोई वक्त है सवाल पूछने का, आग की लपटें तुम्हें जला डालेंगी, बाहर आ जाओ, अपने प्राण बचा लो फिर चाहे जितने प्रश्न पूछने हैं, पूछ लेना।"

व्यक्ति ने कहा—नहीं, पहले मेरे सवालों का उत्तर दो। लोग बोले, अच्छा पूछो।

व्यक्ति ने कहा—पहले बताओ, इस घर में आग कैसे लगी? फिर बताओ कि इस आग का तापमान कितना है? इसके बाद मुझे यह भी बताओ कि इस आग में कौन से रसायनिक तत्व हैं?

लोग बोले—अरे मूर्ख क्यों बेकार के सवाल पूछकर अपना जीवन भस्म कर रहे हो? बाहर निकल आओ, अपने प्राण बचाओ।

व्यक्ति ने कहा—जब तक उत्तर नहीं दोगे, मैं बाहर नहीं आऊँगा। बस यही दशा है आज के मनुष्य की, बड़ी दर्दनाक हालत है। उन्हें अपनी मुक्ति के लिये प्रयत्न करना चाहिये। उन्हें अपने आस-पास फैली हुई आग को बुझाने का प्रयास करना चाहिए।

हाँ, तो मैं आप से कह रहा था जनसंख्या के प्रश्न में स्वयं को मत उलझाओ। जिस प्रकार लोग एक जगह से दूसरी जगह, एक देश से दूसरे देश में बस जाते हैं, ऐसे ही एक लोक से दूसरे लोक में, एक ग्रह से दूसरे ग्रह पर जा सकते हैं।

इन सब बातों का कोई महत्त्व नहीं है? प्रश्न यह है कि हमें क्या करना है? हम क्या कर सकते हैं? हमें कर्मों से मुक्त होने की कोशिश करनी चाहिये। पत्र लिखने वाले जिज्ञासु ने आगे पूछा है, क्या ईश्वर हमारे कर्मों पर अपना फैसला करने से पहले हमें सफाई पेश करने का मौका देता है? अगर ईश्वर के न्याय में कोई गलती हो जाये, ईश्वर कैसे अपनी गलतियों को सुधारेगा? इस तरह की गलतियों के कारण क्या हम ईश्वर को अन्यायी नहीं कहेंगे?

मेरे प्यारे भाइयो और बहनो, ईश्वर की गणना में कभी किसी गलती की संभावना ही नहीं है क्योंकि ईश्वर की प्रणाली सरल है। उनके पास कोई कोर्ट नहीं है, कोई पुलिस नहीं है, जो कि हम जब गलती करें तो हमें पकड़ ले। उनका कोई जज हमें सजा नहीं सुनाता। उन्होंने बहुत ही सरल विधि अपनायी है। हम सबको जीवन में एक खेत दिया है, जिसमें हमें पूरी स्वतंत्रता है कि हम जैसे चाहें वैसे बीज बोयें, और उस फसल के फलों को खुद ही खायें।

हमारा हर विचार, हर शब्द और हर क्रिया, चाहे दिन के उजाले में हो या रात के गहरे अंधियारे में, हमारी हर भावना एक बीज की तरह हमारे कर्म क्षेत्र में गिरती रहेगी और उनकी गिनती होती रहेगी। बड़ी ही सीधी और सरल विधि है। ईश्वर से चूक होने का तो कोई सवाल ही

नहीं उठता। हमारी तकलीफ यह है कि हम अपनी तुच्छ बुद्धि और मन से ईश्वर को समझना चाहते हैं। किन्तु ईश्वर तो मन, बुद्धि और इंद्रियों की पहुँच से परे है। जब मनुष्य इनसे ऊपर उठता है तो ही वह ईश्वर तक पहुँच सकता है। इन्सान गलतियाँ करता है, यही गलतियाँ हमारे कर्म का कारण बनती हैं और यह कर्म हमें बांधता है, इसी कर्म से हमें मुक्त होना है। आज बस यहीं तक शेष कल।

ॐ शांति, शांति, शांति।

4
भले लोगों के साथ बुरा क्यों?

मेरे प्यारे भाइयो और बहनो, आप सबको मेरा हार्दिक प्रणाम!

हमारा जीवन एक पाठशाला है। हम यहाँ हर पल कुछ न कुछ सीखने के लिये आये हैं, कुछ प्राप्त करने के लिए, कुछ जानने के लिये ताकि हमारी बुद्धि का विकास हो। हर मनुष्य एक अमर आत्मा है। हम कभी नहीं मरते। हमारा शरीर मर जाता है। श्रीमद्भगवद्गीता में कहा गया है कि यह शरीर, आत्मा का एक वस्त्र मात्र है। शरीर का जन्म होता है, शरीर की मृत्यु होती है, परंतु आत्मा तो अजर है, अमर है। जिसे अग्नि नहीं जला सकती, शस्त्र नहीं काट सकता, पानी नहीं डूबो सकता और हवा नहीं सुखा सकती। हम बार-बार जन्म लेते हैं, ताकि हम पूर्णता को प्राप्त कर सकें। हमारे मूल स्वरूप को प्राप्त करें।

आप ने देखा होगा कि कुछ बच्चे नटखट होते हैं। अपने माता-पिता से, अपनी टीचर की शिकायत करते हैं कि टीचर ने मुझे यह सज़ा दी। बच्चे की नज़र में यह सज़ा है, परंतु उसकी टीचर जानती है कि यह सज़ा नहीं, एक तरह का पाठ है जो उसे अच्छा इन्सान बनाने के लिए पढ़ाना अति आवश्यक है। अगर बच्चे को ठीक करने के लिए सज़ा नहीं मिलेगी, तो आगे चलकर वह बिगड़ जायेगा। इसी तरह कर्म के कानून के अनुसार ही हमें दुःख, बीमारी, कष्टों को झेलना पड़ता है।

हम जीवन की पाठशाला में छात्र हैं और अनुभव हमारे टीचर हैं।

ये अनुभव ही हमें ऊँचा उठाते हैं ताकि हम सजग होकर मुक्त हो सकें। हमें सदा याद रखना चाहिये कि हम यहाँ रंग-रलियाँ मनाने नहीं आये हैं। हमें यह जन्म मिला है ऊँचा उठने के लिए। हम सब को अलग-अलग अनुभवों के दौर से गुज़रना है क्योंकि जो पाठ मुझे सीखना है, शायद आपको उसकी ज़रूरत न हो।

कर्म का सिद्धांत हमें सज़ा नहीं देता। हमसे बदला नहीं लेता। यह तो हमें सुधारने की एक स्नेहपूर्ण कला है। ईश्वर तो प्रेम का सागर हैं। वे हमें पूर्ण बनाने की राह पर चलाने के लिए यह सब लागू करते हैं। जब हम किसी से प्रेम करते हैं, तो हम चाहते हैं कि वह बेहतर बनें, महान बनें, जिंदगी का सच्चा मूल्य जानें। ईश्वर भी यही चाहते हैं। इसीलिए वे कर्म के कानून द्वारा हमें ऐसे माहौल में डालते हैं, जहाँ हमारी आत्मिक शक्ति उजागर हो और हमारी चेतना जागे। हम समझते हैं कि हमे दंड मिल रहा है। हाँ, बच्चे की नज़र में यह दंड हो सकता है, किंतु टीचर की नज़र से तो यह अनुशासन ही होगा, जो छात्र के विकास के लिये ज़रूरी है।

जैसे कि मैं आपको बता रहा था कि कर्म तीन प्रकार के होते हैं। पहला है क्रियामान कर्म। क्रियामान कर्म क्या होता है? क्रियामान कर्म में क्रिया और प्रतिक्रया, एक दूसरे का अनुसरण करते हैं। उदाहरण के लिये आपको प्यास लगी है, आप जाकर गिलास भरकर पानी पी लेते हैं, तो यह आपके प्रयत्न की तत्काल प्रतिक्रिया है कि आपने पानी पीया और आपकी प्यास बुझ गयी। आपकी क्रिया और प्रतिक्रिया खत्म हो गयी। जब आपके किसी भी कर्म का तुरंत फल मिल जाता है, तो वह क्रियामान कर्म कहलाता है। आपने स्नान किया, शरीर स्वच्छ हुआ, थकान भागी, आपने ताज़गी महसूस की, बस बात खत्म। इसका भविष्य पर कुछ भी असर पड़ने वाला नहीं। क्रियामान कर्म आगे नहीं बढ़ते।

दूसरा है संचित कर्म। ये हमारे अतीत के कर्म हैं, जिनकी प्रतिक्रिया तुरंत नहीं होती है। हम अपने दैनिक जीवन में हजारों कर्म करते हैं। कई

शब्द बोलते हैं, कई विचार हमारे दिमाग में आते हैं, कई भावनायें उत्पन्न होती हैं, कई प्रेरणायें मिलती हैं। ये सब बीज का रूप लेकर हमारे कर्मों के खेत में पलने लगते हैं। जैसे हमने रात को कोई दवाई ली, उसका असर सुबह होगा। कई बार दोपहर के बाद दवाई अपना असर दिखाती है। आज अगर हम किसी परीक्षा में बैठते हैं, तो उसका परिणाम दो तीन महीनों के बाद ही निकलता है। इस तरह आपने जो परीक्षा दी थी, वह आपका संचित कर्म था। जिसका फल कुछ समय बाद निकलता है। वे आपके कर्म के खज़ाने में संचित होकर, संचित कर्म कहलाते हैं। ये संचित कर्म ही हमारे हर जन्म में बढ़ते रहते हैं।

एक बहन ने अपने जीवन की दर्दनाक कहानी बताते हुए कहा– बहुत दुआओं के बाद हमें एक बेटा हुआ। हम पति–पत्नी उसे जान से भी ज्यादा प्यार करते थे। वह हमारी आँखों का तारा था। वह बहुत ही सुशील और उदार था। वह एक मेधावी छात्र था। वह बहुत ही चरित्रवान था। वह अपनी ऊँची शिक्षा पाने के लिए एक छात्रावास में रहता था। एक दिन जब वह अपने स्कूटर पर जा रहा था, तो एक ट्रक से टकरा गया और उसकी मृत्यु हो गयी। मौत की खबर सुनते ही मुझे बहुत सदमा लगा। मेरे पति, बेटे का मृत शरीर लाने गये। रास्ते में ही उन्हें दिल का दौरा पड़ा और मौत ने उन्हें भी मुझसे छीन लिया।

भरी आँखों से उसने पूछा–क्या प्रभु को मुझ पर ज़रा भी दया नहीं आती? मेरा बेटा चला गया, मेरा पति चला गया और मैं जानती हूँ कि मेरा मानसिक संतुलन भी चला जायेगा। क्या मेरे जैसे अभागे लोगों के लिये ईश्वर के मन में कोई दया नही है? क्या इस दुनिया में कहीं न्याय है?"

मेरे प्यारे भाइयो और बहनो! हमारी कल्पना से परे, कई जन्मों के पहले के कर्म हमारे साथ–साथ चलते हैं और इन संचित कर्मों का एक अंश हमारे प्रारब्ध कर्मों का निर्माण करते हैं। उन्हीं कर्मों से हमारी किस्मत, हमारा भाग्य बनता है। कल के संचित कर्मों ने ही आज के

भाग्य का निर्माण किया है और आज के कर्म आपके कल को संवारेंगे। इसलिए आप स्वयं ही अपने भाग्य का निर्माण करते हैं। अब अगर आपके साथ कुछ अशुभ हो रहा है, तो उसके लिये ईश्वर को दोषी ठहराना क्या उचित है? उसका इसमें कोई हाथ नहीं होता।

आज हम देख रहे हैं, चारों ओर हिंसा हो रही है, कत्लेआम हो रहा है, अत्याचार हो रहा है, लोगों को लूटा जा रहा है। कई लोग यह सब देखकर मुझसे पूछते हैं, भगवान कहाँ है?

कर्म के सिद्धांत के अनुसार इन सब लोगों ने अतीत में ऐसे कर्म किये होंगे, जिसका फल उन्हें आज इस रूप में मिल रहा है। भगवान का तो इसमें कोई दोष नहीं है, ये तो हमारे किये हुए कर्म हैं। इसका यह अर्थ नहीं है कि हमें अपने कर्मों की सजा मिल रही है। ना! ना! कर्म हमें कोई दण्ड नहीं देते, हमसे कोई बदला नहीं लेते। अगर कोई मेरी बेरहमी से हत्या कर देता है, तो यह कोई सज़ा नहीं है, इस अनुभव से गुज़रना मेरे लिये बहुत ज़रूरी है, ताकि मैं महसूस कर सकूँ कि इसमें कितनी पीड़ा है। मैंने भी कभी पिछले जन्म में किसी की जान ली होगी। मेरी अंतर आत्मा में इसका कोई पछतावा भी नहीं होगा। कर्म का कानून हमें सुधारने के लिये है।

तीसरा कर्म है, प्रारब्ध कर्म—संचित कर्म बढ़ते ही रहते हैं। इन कर्मों का एक अंश ही प्रारब्ध कर्म बनते हैं। ये प्रारब्ध कर्म ही निश्चित करते हैं, किस प्रकार के परिवार में हमारा जन्म होगा, रिश्तेदार कौन होंगे, कौन से बच्चे होंगे, कौन सी पत्नी या पति होगा, कौन सी योनि होगी, कौन सी जाति, कौन सा वंश, कैसा वातावरण, कैसी नौकरी, कितना धन मिलेगा।

संचित कर्म समय आने पर अवश्य ही फलित होते हैं। मान लीजिये, आपसे किसी ने एक लाख रुपये उधार लिये थे। आज आप उससे वापस माँग रहे हैं, तो वह कहता है, इस वक्त तो मेरे पास लौटाने के लिए एक पैसा भी नहीं। आप कोर्ट का सहारा लेते हैं। कोर्ट उसके

घर आदेश भेजता है, परंतु उसके पास एक लाख रुपये नहीं हैं। अब इसका मतलब यह नहीं है कि कोर्ट का आदेश खारिज हो गया। नहीं, वह आदेश तब तक लागू रहेगा, जब तक वह पैसे नहीं लौटा देता। अब अगर इस बीच उसकी मृत्यु हो जाये, तो शायद वह इस जन्म में उस कर्ज़ से मुक्त हो जाये, परंतु उसे अगला जन्म लेकर यह कर्ज़ तो उतारना ही होगा। अब अगर मान लीजिये, उसकी अगली योनि एक बैल की है, तो वह आपके यहाँ एक लाख रुपये की मज़दूरी कर, अपना कर्ज़ उतारेगा। तो जो कुछ आज हम हैं और हमारे साथ हो रहा है, वह हमारा प्रारब्ध है। अगर हम कर्मों के नियम को जान लें, तो यह भी समझ जायेंगे कि आज के संचित कर्मों से, कल हमारा प्रारब्ध बनेगा और हमें इसे भोगना ही होगा। इसे भोगने के लिए हमें इस स्थूल शरीर को धारण करना होगा।

संचित कर्म तो अमर बेल की तरह हैं। इस जन्म में प्रारब्ध कर्म खत्म हो रहे हैं, किंतु हम नये कर्म कर रहे हैं। अगर हम कहें प्रारब्ध कर्मों का फल भोग रहे हैं, तो कई हज़ार संचित कर्म भी जमा कर रहे हैं। वास्तव में बहुत बुरी दशा है, हममें से कई लोग इससे अनजान हैं। लेकिन यह एक कटु सत्य है। हम कभी इनसे मुक्त नहीं हो पाते और बड़ी बेरहमी से कर्मों के चक्कर में अटके रहते हैं। ज्योतिषियों के पास अपना भविष्य पूछने जाते हैं। पुराणों में एक बड़ी ही सुंदर कथा है।

एक बार एक राजा किसी महान संत के पास जाकर बोला—हे गुरुदेव आप तो त्रिकालदर्शी हैं। भूतकाल, भविष्य और वर्तमान का कोई रहस्य आपसे छुपा नहीं है। कृपया आप मुझे मेरे भविष्य के बारे में बतायें।

संत बोले—राजन आप क्यों अपना भविष्य जानना चाहते हैं? राजा ने कहा—एक बार अगर अपना भविष्य जान लूँगा, तो फिर हर कार्य सावधानी से करूँगा और कोई अनहोनी नहीं होने दूँगा।

संत ने कहा—मैं आपसे सच कहता हूँ कि आप लाख कोशिश करें, तो भी होनी को टाल नहीं सकेंगे। राजा ने कहा—आप मेरे भविष्य में आने वाली मुसीबतों के बारे में बताइये तो सही, फिर मैं और आप मिलकर उनसे बचने का उपाय ढूँढ़ निकालेंगे।

संत ने कहा—अच्छा! ऐसी बात है, तो मैं आपके ऊपर आने वाली हर विपदा का वर्णन करता हूँ और आपको चुनौती भी देता हूँ, कि आप इसे रोक नहीं पायेंगे।

संत फिर बोले—देखिये राजन! आज है गुरुवार और अगले बुधवार को कोई आपको एक घोड़ा भेंट करेगा। मैं आपसे अनुरोध करता हूँ कि आप उसे स्वीकार मत करना, परंतु मैं यह भी जानता हूँ कि आप उसे स्वीकार करेंगे। आप फिर अगले दिन गुरुवार को उस घोड़े की सवारी करने जंगल में जायेंगे और एक दोराहे पर पहुँच जायेंगे। आपको आगाह कर रहा हूँ कि आप दायीं ओर मत जाना, बायीं ओर जाना। परंतु मुझे मालूम है कि आप लाख मना करने पर भी दायीं राह पर ही जायेंगे और आपको वहाँ एक उदास और निराश महिला मिलेगी। उसकी आँखों में दुःख के आँसू होंगे और चेहरे पर मायूसी। आप उसकी तरफ मत देखना और न उस पर दया करना, परंतु मैं जानता हूँ, आपको अवश्य उस पर दया आयेगी। ठीक है, उसके लिये हमदर्दी रखना, परन्तु उसके जाल में मत फँसना। मैं जानता हूँ कि आप उसके जाल में फँसेंगे और उसे अपनी रानी भी बनायेंगे। यह रानी आपसे एक विशेष यज्ञ करवायेगी, आप यज्ञ मत करना, परन्तु मैं जानता हूँ, आप यज्ञ करेंगे। इन सब गलतियों के बावजूद भी आप संभल जाना। यज्ञ के समय एक युवा ब्राह्मण आकर आपसे यज्ञ में शामिल होने की अनुमति माँगेगा। आपसे विनती करता हूँ कि आप उसे यज्ञ में शामिल होने की अनुमति मत देना, परंतु आप उसे अवश्य अनुमति देंगे। इस यज्ञ के दौरान वह युवा ब्राह्मण आपका और रानी का मज़ाक उड़ायेगा। आप नाराज हो जायेंगे, आप कृपया अपने क्रोध पर काबू रखना। परंतु आप ऐसा नहीं कर पायेंगे

और उस ब्राह्मण की हत्या कर देंगे। इस ब्रह्म-हत्या के पाप से आपका संपूर्ण शरीर कोढ़ से ज़ख्मी हो जायेगा। आप इस पाप से तभी मुक्त होंगे, जब आप महाभारत की कथा बड़ी श्रद्धा से सुनेंगे।

अब राजा अपना भविष्य जान चुका था। उसके साथ सब कुछ वैसा ही घटित हुआ, जैसा कि संत ने बताया था। किन्तु होनी को कौन टाल सकता था? राजा हर बार अपने प्रारब्ध से कर्म करने को मजबूर था। उसने मन में संकल्प किया कि मुझे अंत में अपने क्रोध पर काबू रखना है और ब्रह्म-हत्या नहीं करनी, परंतु राजा उस वक्त भी स्वयं को रोक नहीं पाया और युवा ब्राह्मण की हत्या कर दी।

मेरे प्यारे भाइयो और बहनो! इसलिये जो कुछ प्रारब्ध से मिला है, उसे तो लाख कोशिश कर लें, तो भी नहीं बदल सकते। आपको सिर्फ इतनी स्वतंत्रता है कि जो कुछ भाग्यवश आपको मिला है, उसे आप, या तो खुशी से स्वीकार करें या दु:खी होकर जीवन से निराश हो जायें। प्रारब्ध को तो आप बदल नहीं सकते, किंतु आप अपना दृष्टिकोण अवश्य बदल सकते हैं। आज बस इतना ही आगे की चर्चा कल करेंगे।

ॐ शांति! शांति! शांति!

5
भले लोगों के साथ बुरा क्यों?

मेरे प्यारे भाइयो और बहनो, आप सबको मेरा हार्दिक प्रणाम!

मनुष्य अपने प्रारब्ध कर्म को बदल नहीं सकता, किंतु अपना दृष्टिकोण अवश्य बदल सकता है। दो लड़कियाँ कॉलेज में पढ़ती थीं। परीक्षा में दोनों के पेपर ठीक नहीं हुए। उनमें से एक लड़की तो बहुत निराश हो गयी और उसने आत्म-हत्या करने की सोची।

दूसरी लड़की ने सोचा, जो होना था, हो गया। अब रोऊँ या सिर पीटूँ परिणाम तो बदलेगा नहीं। अब मैं क्यों अपनी शक्ति व्यर्थ गँवाऊँ? उसने दिन रात अगली परीक्षा की तैयारी शुरू कर दी, ताकि वह परीक्षा अच्छे नंबरों से पास कर सके। इसी तरह हमें भी पूरी आज़ादी है कि हमारे साथ जो भी घटित हो उसे खुशी से स्वीकार करें और फिर पूरी मेहनत से सही दिशा में सफल होने की तैयारी करें।

अब प्रश्न ये उठता है कि क्या मनुष्य स्वतंत्र है या अपने भाग्य के हाथों में कठपुतली है? क्या वह अपने भाग्य को बदल सकता है? इस पर दो तरह के विचार हैं।

पहला है कि हर बात पहले से ही तय है। हम लाख कोशिश करें, भाग्य की लकीरों को नहीं बदल सकते। कुछ अन्य लोगों का मत है कि मनुष्य स्वतंत्र है, हर कदम पर वह अपने भाग्य को बदलने की कोशिश कर सकता है। वह अपने कर्मों द्वारा अपने भाग्य को बदल

सकता है।

मेरे विचार में ये दोनों बातें कैंची के दो ब्लेडों की तरह हैं, जिसमें एक है इच्छा-शक्ति और दूसरा है प्रारब्ध। जब तक दोनों साथ-साथ नहीं जायेंगे तब तक कोई भी क्रिया सम्पन्न नहीं होगी। दोनों का ही महत्त्व बराबर है।

कर्म किया गया है, तो उसका फल अवश्य मिलेगा। कर्म का यह सिद्धांत बहुत ही जटिल है। आप और आपका साथी किसी याचक को कुछ दान दे रहे हैं, परंतु अगर आप दोनों की भावना में अंतर है तो फल भी अलग-अलग ही मिलेगा। अगर आप दिखाने के लिए या प्रशंसा के लिए दान दे रहे हैं, तो आपका कर्म शुभ नहीं है और अगर कोई पवित्र भाव से गुप्त दान करे, तो वह शुभ होगा।

कई पूछते हैं कि हम बिना किसी अभिप्राय के कोई कर्म करते हैं और उसे लोग बुरा कहने लगते हैं, तो फिर कौन उसका उत्तरदायी माना जायेगा?

अगर आपका उद्देश्य बुरा नहीं है, तो उसका फल भी बुरा नहीं होगा। अगर आपका अंतर शुद्ध है, तो लोगों के सोचने की परवाह न करें। आपका कार्य शुभ-भावना से किया गया है, तो फल भी शुभ ही होगा। कर्म का कानून कहता है: सबसे प्यार करो, सबकी सेवा करो और जो कुछ तुम्हारे पास है उसे बाँटना सीखो। कर्म का सिद्धांत यह भी कहता है कि जो दूसरों का है, उसे हड़पने की कोशिश मत करो। दूसरों की आलोचना मत करो, दूसरों की पीठ पीछे निंदा मत करो। किसी को धोखा मत दो क्योंकि अगर आप किसी दूसरे को धोखा दे रहे हैं, तो इसका मतलब है आप स्वयं को ही धोखा दे रहे हैं। यह जीवन का कानून है कि दूसरों को धोखा देंगे तो तुम्हें भी अवश्य धोखा मिलेगा।

एक शिल्पकार की सच्ची कहानी है—वह एक बहुत ही धनी आदमी का दामाद था। उस धनी आदमी ने एक पहाड़ी पर एक बहुत

बड़ा प्लॉट खरीदा और अपने दामाद से कहा–देखो, मैं कुछ महीनों के लिए विदेश यात्रा पर जा रहा हूँ। मैं आऊं, तब तक तुम यहाँ एक बड़ा और सुंदर बंगला बनवाना। खर्च की कोई परवाह मत करना। मैं तुम्हें पूरी आज़ादी देता हूँ, तुम जितना खर्च करना चाहो, खर्च कर सकते हो। मेरे ऑफिस के लोग तुम्हारे सारे बिल चुका देंगे, लेकिन बंगला बहुत सुंदर होना चाहिये।

दामाद ने सोचा, कितना सुनहरा मौका है, यहाँ कोई देखने वाला नहीं। पता नहीं जिंदगी में ऐसा मौका फिर मिले या न मिले। इसलिए मैं इससे काफी पैसा बना लूँगा। ऐसा सोचकर उसने बंगले में सारा सामान हल्का और सस्ता सामान लगाया। फिर उस बंगले को बहुत ही सुंदर रंग लगवा दिया। बंगला इतना सुंदर दिख रहा था कि देखने वाला देखता ही रह जाये।

जब उसके ससुरजी लौटे तो दामाद ने कहा–आपका बंगला एक दम तैयार है। ससुरजी ने कहा–अरे, इतनी जल्दी तैयार हो गया! ठीक है, कल तुम्हारी पत्नी का जन्मदिन है। हम तीनों चलकर उस बंगले को देख आयेंगे। अगले दिन वे तीनों बंगला देखने गये। बंगले को देखकर ससुरजी ने दामाद के काम की बहुत तारीफ की और कहा–जानते हो कि यह बंगला मैंने किस लिये बनवाया है? मैं यह बंगला अपनी बेटी को जन्मदिन पर उपहार के रूप में देना चाहता हूँ। ये शब्द सुनते ही दामाद के चेहरे का रंग उतर गया। वह सोचने लगा, मैं भी कैसा मूर्ख और अभागा हूँ, जो स्वयं को ही धोखा देता रहा। जिस बंगले के काम में मैंने हल्का और सस्ता सामान लगाया है, चोरी का पैसा बनाया, वह मुझे ही सौगात के रूप में मिला।

ठीक ऐसा ही हमारे साथ होता है, कर्म का कानून यही कहता है कि हम समझते हैं, हम दूसरों को ठग रहे हैं, लेकिन वास्तव में हम स्वयं को ठग रहें हैं। कई बार हम सोचते हैं कि रात के अंधेरे में जो काम हमने किया वह किसी ने देखा नहीं, परंतु उस वक्त भी हमारे

कर्मों के बीज जिंदगी के खेत में पड़ गये।

एक प्रकार की विशेष ध्यान साधना होती है, जिसके द्वारा मनुष्य यह जान सकता है कि उसने पिछले सभी जन्मों में कौन से कर्मों के बीज अपनी जीवन की खेती में बोये हैं और वे सब उसके सूक्ष्म शरीर में दर्ज हो चुके हैं।अब मैं आपको कर्म के सिद्धांत के मुताबिक कैसे जीया जाये, उसके बारे में सात सुझाव देना चाहूँगा।

मेरा पहला सुझाव है—जैसा हम सोचेंगे वैसे ही बन जायेंगे। इसलिए अपने विचारों का ध्यान रखें। हमेशा सावधान रहें। यह मत सोचिये कि विचार आया और गया नहीं! यह मत समझिये कि विचार का कोई महत्त्व नहीं है। विचार का बड़ा महत्त्व है, क्योंकि हमारे अंतर में उठा हुआ हर विचार कायम रहता है, कभी मिटता नहीं। विचारों की अपनी शक्ति होती है, रंग होता है और आकार होता है। कुछ विचार सात्त्विक होते हैं और कुछ तामसिक। यह सभी हमें घेरे रहते हैं। जब हमारे अंदर कोई बुरा विचार आये, तो तुरंत उसे मन से निकाल फेंकें। कोई बुरा विचार आये तो उससे छुटकारा पाने का एक सरल उपाय है। बुरा विचार आते ही आप स्वयं को चुटकी काटना शुरू कर दें और तब तक काटते रहें, जब तक कि वह बुरा विचार मन से निकल न जाये।

गुरुदेव साधु वासवानीजी जब कॉलेज में पढ़ते थे, तो वे हमेशा अपने साथ एक पिन रखते थे। जब कोई अशुभ विचार उनके मन में आता था, तो वे तुरंत पिन को अपने हाथ पर इतना ज़ोर से चुभोते थे कि दर्द के कारण मन से आह निकलती थी। बस! बस! मैं फिर कभी ऐसे विचारों को अपने अंदर नहीं उठने दूँगा।

हज़रत मुहम्मद कहा करते थे कि लालच एक राही की तरह आता है। यह पहले तो दिल के दरवाजे पर मेहमान बनकर दस्तक देता है। यदि आपने उसे अपने अंदर आने दिया, तो वह मालिक बन बैठेगा। फिर आप कुछ नहीं कर पायेंगे। आपके अंदर कोई लालच आये या

कोई बुरी भावना आये तो तुरंत आप कहें–यहाँ तुम्हारे लिये कोई जगह नहीं है। चाहें तो डाँटते हुए जोश से कहें, "हाउस फुल!हाउस फुल !"

अगर आप ऐसा करेंगे तो वह डर कर भाग जायेंगे, जिस तरह ज़ोर से चिल्लाने पर चोर भाग जाते हैं।

दूसरा सुझाव–"जो बोओगे, सो पाओगे।" इसलिये जो भी काम करें, बहुत सावधानी से करें। आपकी इच्छायें, आपकी भावनायें, आपके विचार एक बीज की तरह हैं, जो एक दिन विशाल पेड़ का रूप लेंगे। कुछ बीज तुरंत उगना शुरू हो जाते हैं और अपना असर दिखाने लगते हैं। कुछ बीज बहुत लम्बे अरसे के बाद उगना शुरू होते हैं और अपना असर बाद में दिखाते हैं।

उदाहरण के तौर पर, मान लीजिये आप रात को दावत में गये वहाँ का खाना आपको बहुत स्वादिष्ट लगा और आपने कुछ ज़्यादा खा लिया। अब आप जानते है कि ज़्यादा खाने से क्या होता है? बदहज़मी हो जाती है, फिर आधी रात को उठकर चिल्लायेंगे, डॉक्टर को बुलायेंगे। उस से कहेंगे मेरा पेट दुःख रहा है, पता नहीं, मुझे क्या हो गया है? कहीं मुझे दिल का दौरा तो नहीं पड़ा है? ज्यादा खाने का नतीजा था, पेट का दर्द। यहाँ कर्म का असर तुरंत हो गया। परंतु हमारे कई कर्म ऐसे होते हैं, जिनका फल कई सालों के बाद या कई जन्मों के बाद मिलता है। इसलिये हर कर्म सावधानी से करें। इसके लिए एक बहुत सरल और उत्तम साधना है, हर रोज़ कुछ समय बचाकर मौन साधना का अभ्यास करें। पिछले चौबीस घंटों में जो कुछ भी किया है उसका विचार करें। शुरुआत पीछे से करें, मान लीजिये अभी आपने जो किया, उस पर विचार करें, फिर उसके पहले जो किया उसका विचार करें। इस तरह अभी इस समय से कल तक, गुज़रे चौबीस घंटों में जो कुछ किया था, उन सब का विचार करें। अब आप देखेंगे कि कई बातें ऐसी थीं जो हमें नहीं करनी चाहिये थीं, वे हमने कीं। इस लेखे-जोखे के बाद जब हमें अपनी गलतियों का अहसास हो, तो हमें उन पर पछतावा

करके प्रभु से प्रार्थना करनी चाहिये, हे प्रभु! मुझे सद्बुद्धि और शक्ति दे ताकि मैं फिर दुबारा ऐसी गलतियाँ न करूँ। यदि हम दिल की गहराई से यह प्रार्थना करेंगे, तो प्रभु की कृपा हम पर अवश्य होगी।

तीसरा सुझाव—अगर आप नये कर्म बनाना चाहते हो, सजीव कर्म बनाना चाहते हो, तो अच्छे लोगों की संगति में रहो। अगर आपके संगी-साथी सही होंगे तो आपके कार्य भी सही होंगे। जैसी आपकी संगत होगी, वैसी ही आपकी रंगत होगी। अगर आप बुरे लोगों की संगत करेंगे, तो बुराई आपको खींचेगी। अगर भले लोगों की संगति करेंगे, तो भलाई आपको खींचेगी।

चौथा सुझाव है—जिंदगी में जो भी होता है, उसे खुशी से स्वीकार करो, क्योंकि जिंदगी हमें एक अवसर देती है, जिसके द्वारा हम पिछले कर्मों का लेखा-जोखा बराबर कर सकते हैं। हमारे जीवन में कई बातें ऐसी होती हैं, जिसे हम समझ नहीं पाते।

जैसे अचानक हमारे किसी प्रिय की मृत्यु हो जाती है, कोई दुर्घटना हो जाती है या कोई मुसीबत सामने आ जाती है। बजाय अपना समय और शक्ति उस पर नष्ट करने से बेहतर है, उसे खुशी से स्वीकार करें, क्योंकि जो कुछ हमने किया है उसका फल ही हमें मिल रहा है। अगर खुशी से स्वीकार करेंगे, तो दुःख कम होगा। यदि उससे भागने की कोशिश करेंगे तो दुःख बढ़ जायेगा।

पाँचवाँ सुझाव—अपने कर्त्तव्य का पालन करें, यह बहुत ज़रूरी है। हम अपने कर्त्तव्यों का पालन पूरी तरह से करते हैं तो हमारा अंतःकरण शुद्ध होने लगता है।

एक बार एक बहू ने आकर कहा—मेरी सास मेरे साथ बहुत कठोर व्यवहार करती है। मेरे से बहुत बुरा व्यवहार करती है। मैं क्या करूँ?

मैंने कहा—तुम उससे अच्छा व्यवहार करो। उसके प्रति दया दिखाओ।

बहू बोली–वह तो बहुत दुष्ट है।

मैंने कहा–वह अपना कर्म बना रही है। तुम अपना अच्छा कर्म करती रहो।"तू अपनी तोड़ निबाइ, उसकी वो जाने।"

इससे तुम अपना भविष्य संवार सकोगी। तुम अपना कर्त्तव्य करो यह कर्म का सिद्धांत किसी एक पर लागू नहीं होता, यह तो पूरे समूह, पूरे देश पर लागू होता है। इसीलिये तो बड़े-बड़े साम्राज्य मिट्टी में मिल गये, क्योंकि उनके राष्ट्रीय कर्म ठीक नहीं थे। जिस प्रकार घर की छत में अगर एक भी छोटा सा छेद हो, तो बरसात का पानी घर में घुस आता है, उसी प्रकार इंसान यदि थोड़ा भी असावधान रहा, तो उसके मन में तृष्णा घुस आती है। यह तो कर्मों का चक्र है, जो उस boomerang की भांति है जो चलानेवाले के पास लौट आता है।

छठा सुझाव–आप जो भी करें, पूरी सावधानी के साथ करें अपने हर कार्य पर कड़ी नजर रखें। गौतम बुद्ध अपने भिक्षुओं से कहते थे कि चौबीस घंटे स्वयं पर कड़ी नज़र रखें। सोते समय भी सावधान रहो। आप भी अपने जीवन में गाँठ बांध लीजिये कि जो भी करेंगे, पूरी सजगता और सावधानी से करेंगे।

सातवाँ और अंतिम सुझाव–जितना हो सके दूसरों का भला करें। दूसरों की मदद करें। जितनी बार कर सकें, उतनी बार करें। लोगों के दिल और दिमाग, चिंता और बोझ से भरे हुये हैं। इस बोझ को हल्का करने की कोशिश करें। हो सके तो हर रोज़ दूसरों का दुःख दूर करें। जिस दिन हमने ऐसा नहीं किया, वह दिन हमारा व्यर्थ गया। ईश्वर ने हम सबको यह अनमोल जीवन दिया है, जिसके द्वारा हम पूर्ण जागृत हो सकते हैं और चैतन्यता को प्राप्त कर सकते हैं। तृष्णाओं को एक तरफ रखकर हमें इस राह पर आगे बढ़ना चाहिये। हमारे जीवन का यही एक मात्र लक्ष्य है। इसलिये अन्य सभी बातों को भुलाकर इस लक्ष्य को प्राप्त करने का प्रयास करें।

ऐसा करने से हमारे अंदर सात्त्विक गुण बढ़ने लगेंगे, जैसे-जैसे हम सत्त्व को प्राप्त होंगे, हमारा स्वभाव शांत होते-होते हमें संतुलित करेगा और हम स्थितप्रज्ञ हो जायेंगे। इस अवस्था को प्राप्त कर इंसान ब्रह्म निर्वाण प्राप्त करता है, जहाँ चिरआनंद और चिरशांति होती है। इस अवस्था को प्राप्त करना हम सबका जन्मसिद्ध अधिकार है।

ॐ शांति! शांति! शांति!

6
राम नाम की महिमा

मेरे प्यारे भाइयो और बहनो, आप सबको मेरा हार्दिक प्रणाम!

श्रीमद्भगवद्गीता में भगवान श्री कृष्ण कहते हैं:

"यदा यदा हि धर्मस्य ग्लानिर्भवती भारत,
अभ्युत्थानमधर्मस्य तदात्मानं सृजाम्यहम्।"

प्रभु कहते हैं, "जब-जब पृथ्वी पर धर्म की हानि होगी, जब-जब संसार में अधर्म बढ़ेगा, तब-तब धर्म की रक्षा के लिए मैं स्वयं धरती पर अवतार लूँगा।"

सतयुग में भगवान विष्णु ने श्रीराम का अवतार लिया, इन्सान का लिबास पहनकर वे अयोध्या में अवतरित हुए। कई लोग हैं जिन्हें इस बात का विश्वास नहीं होता। खास तौर पर जो पढ़े-लिखे हैं और जिनपर पश्चिमी सभ्यता का प्रभाव है, वे इस बात को बिल्कुल नहीं मानते।

मेरे प्यारे भाइयो और बहनो, प्रभु हमारे पिता हैं, यदि प्रभु हमारे पिता हैं, तो यह कोई बड़ी बात नहीं है कि वह स्वयं पृथ्वी पर आकर हमारी देखभाल करें या हमारी रक्षा करें।

अकबर और बीरबल के बारे में आपने कई रोचक कथाएँ सुनी होंगी।

एक बार अकबर, बीरबल से हँसकर कहते हैं–आप हिंदू भी अजीब हैं। कहते हैं ईश्वर संसार में अवतार लेकर आते हैं। इस संसार

में ईश्वर भला इन्सान बनकर कैसे आ सकते हैं? यह बात मेरी समझ से दूर है।

तब बीरबल ने कहा—जहाँपनाह यह कोई अजीब बात नहीं है। परम पिता परमेश्वर स्वयं इस संसार में हमारी रक्षा करने आते हैं।

अकबर बादशाह फिर से हँसते हैं। उनकी हँसी रुकने का नाम नहीं लेती। कुछ दिनों बाद अकबर, बीरबल से कहते हैं—चलो चलकर नदी किनारे सैर करें, ज़रा ताज़ी हवा खा आयें। ताज़ी हवा खाने से सेहत अच्छी रहती है।

अकबर बादशाह और बीरबल महल से निकलकर नदी किनारे पहुँचते हैं। अकबर बादशाह नदी किनारे टहल रहे थे। उन्होंने देखा, नदी में नाव घूम रही थी। महल की आया उसमें बैठी थी और उसकी गोद में बच्चा था। कुछ दिन पहले अकबर बादशाह के यहाँ बड़ी दुआओं के बाद, बेटा हुआ था। उन्हें लगा शायद आया उनके बच्चे को सैर कराने ले आयी है। अचानक आया के हाथ से बालक छूट जाता है और नदी में गिर जाता है।

अकबर बादशाह ने आव देखा न ताव, तुरंत नदी में कूद पड़े। तैरकर उन्होंने बच्चे की ओर अपना हाथ बढ़ाया, तो देखा वह गुड़िया थी, जिसे दूर से अकबर बादशाह अपना बच्चा समझ बैठे थे।

यह सब देखकर बीरबल हँस पड़ा और बोला—"जहाँपनाह आप पिता हैं न! आप एक मिनट भी नहीं रुके, ना ही हमेशा की तरह मुझसे सलाह ली। यदि मुझसे सलाह लेते तो मैं बताता कि वह गुड़िया है। जब सांसारिक पिता बिना सोचे समझे अपने बच्चे को बचाने के लिए कूद सकता है, तब हमारे प्रभु, जिसे हम अपनी माता और पिता समझते हैं, अपना सब कुछ समझते हैं, वह हमारे दुःखों को दूर करने के लिए, हमारी रक्षा करने के लिए, हमारी देखभाल करने के लिए, इस संसार में इन्सान के रूप में अवतार नहीं ले सकते?"

मेरे प्यारे भाइयो और बहनो, जैसे कि आप जानते हैं कि राजा दशरथ के चार बेटे थे। सबसे बड़ा राम, दूसरा लक्ष्मण, तीसरा भरत और चौथा शत्रुघ्न। राम को बचपन से ही जो भी देखता, उसकी ओर आकर्षित हो जाता था। फिर चारों भाई गुरु वशिष्ठ के आश्रम में शिक्षा लेने जाते हैं। उन दिनों दैत्य ऋषियों को सताते रहते थे। उन दिनों ऋषि यज्ञ करते और राक्षस उनके यज्ञ कुंड में माँस डालकर उनका यज्ञ भ्रष्ट कर देते थे। ऋषि विश्वामित्र राजा दशरथ के पास आते हैं और उनसे कहते हैं कि आप राजा हैं, हमारी रक्षा करना आपका धर्म है। हमें राक्षसों के ज़ुल्म से आप ही बचा सकते हैं। मैं आपके ज्येष्ठ पुत्र राम को लेने आया हूँ। वह हमें इन राक्षसों से मुक्ति दिला सकता है। दशरथ यह सुनकर घबरा जाता है, वह कहता है: ऋषिवर मैं अपनी सेना के साथ आपके साथ चलने को तैयार हूँ। मैं राक्षसों का सफाया कर दूँगा। राम तो अभी बच्चा है।

मेरे प्रियजनों! श्री राम तो तीनों लोकों के मालिक हैं, पर माता-पिता तो उसे बच्चा ही समझते थे। तब विश्वामित्र ने कहा "राजन्! मैं ध्यान में बैठा था, तब मैंने दैवी आवाज़ सुनी कि इस संकट को राम ही दूर कर सकते हैं। मुझे आपकी सेना नहीं चाहिए। मुझे सिर्फ आपका बेटा राम चाहिये।" विवश होकर ऋषि को खुश करने के लिए राजा दशरथ राम को इजाज़त देते हैं। राम के साथ लक्ष्मण भी जाता है क्योंकि वह तो भाई की परछाईं था।

लक्ष्मण को अहसास था कि राम तो स्वयं प्रभु हैं, जो इन्सान के रूप में पृथ्वी पर अवतरित हुये हैं। राम और लक्ष्मण सारे राक्षसों का नाश कर देते हैं। अयोध्या लौटते समय ऋषि विश्वामित्र उन्हें मिथिला नगर ले जाते हैं, जहाँ सीता का स्वयंवर रचा गया था, जिस में शर्त थी कि जो भी शिवजी के धनुष को तोड़ेगा, सीता उसी के गले में वरमाला डालेगी। श्रीराम गुरु विश्वामित्र की आज्ञा से शिवजी के धनुष को तोड़ देते हैं। फिर राम और सीता का विवाह हो जाता है।

अब राजा दशरथ सोचते हैं, वे श्रीराम का राजतिलक कर उन्हें अपना राज्य सौंपकर स्वयं वन चले जायें। श्री राम के राजतिलक की तैयारियाँ शुरू हो जाती हैं। देखिए विधि का विधान!

एक बार रानी कैकई ने राजा दशरथ की जान बचाई थी। उस समय राजा ने रानी कैकई को दो वर दिये थे। अब कैकई राजा से अपने दो वर माँगती है। पहला कि राम चौदह वर्ष के लिए वन में जायें और दूसरा उसका बेटा भरत राजसिंहासन पर बैठे। राजा उसके वर सुनकर बेहोश हो जाता है। राम अपने पिता की हालत देखते हैं। वह राजतिलक के लिए तैयार होकर आये थे। कैकई उसे सारी बात बताती है। एक सच्चे योगी की यही निशानी होती है कि वह सदा 'समता' में रहता है। वह न तो खुशी में फूल जाता है, और न दुःख में दुःखी होता है।

श्री राम पिता से कहते हैं, आप क्यों दुःखी हो रहे हैं? आप मुझे पहले अयोध्या का राज्य दे रहे थे, अब आप मुझे वन का राज्य सौंप रहे हैं, जहाँ मैं ऋषियों के बीच रहूँगा। उसी समय राजसी वस्त्र उतारकर संन्यासी के वस्त्र पहनकर, सीता और लक्ष्मण के साथ वन चले जाते हैं।

मेरे प्यारे भाइयो और बहनो! यह दुनिया एक रंगमंच है, और हम सब अदाकार हैं। कहते हैं एक बार प्रभु के दरबार में प्रश्न उठा, कौन सा देवता लक्ष्मण बनेगा, कौन सा भरत, कौन शत्रुघ्न बनेगा, कौन कौशल्या बनेगी? सारे देवता अपना-अपना किरदार करने के लिए तैयार हो गये, पर जब रावण बनने का प्रश्न उठा, तो कोई भी यह किरदार करना नहीं चाहता था। आखिर प्रभु का एक भक्त यह किरदार करने को तैयार हुआ। रावण स्वयं बड़ा ही ज्ञानी था पर उसे रावण का किरदार करना था। इसलिए रावण का कभी तिरस्कार नहीं करना चाहिये।

श्रीराम वन में कितने ही राक्षसों का वध करते हैं। कितने ऋषियों से मिलते हैं। शबरी के बेर खाते हैं। जब तक राम का नाम इस पृथ्वी

पर रहेगा तब तक शबरी के बेर गाये जायेंगे।

वन में रावण सीता का हरण कर लेता है। जब श्रीराम को यह समाचार मिलता है कि लंका के राजा रावण ने सीता का हरण कर लिया है, तब श्रीराम सुग्रीव की सहायता से वानरों की सेना समेत धनुषकोटी पर आ पहुँचते हैं। अब सवाल यह उठा कि इतनी सेना समुद्र पार कर लंका कैसे पहुँचे? वानरों ने समुद्र पर पुल बनाने के लिए बड़े बड़े पत्थर उठाये और उन पर राम का नाम लिखकर उन्हें पानी में फेंकने लगे। तब अचानक पत्थर समुद्र की सतह पर तैरने लगे। तब श्रीराम के मन में आया कि वे इस संसार को यह दिखायें कि राम से बढ़कर है राम का नाम। तब उन्होंने एक भारी पत्थर उठाकर समुद्र में फेंक दिया। पत्थर पानी में डूब गया। पूरी वानर सेना यह देखकर आश्चर्य-चकित रह गयी। तब श्रीराम ने समझाया "देखो जो पत्थर मैंने स्वयं पानी में डाला वह डूब गया पर जिन पत्थरों पर तुम सबने राम का नाम लिखकर पानी में डाला, वे अभी तक तैर रहे हैं। इससे तुम लोगों को प्रत्यक्ष प्रमाण मिल गया है कि राम से ऊँचा है राम का नाम! गुरुनानक देवजी अपनी पवित्र वाणी में फरमाते हैं:

वड़ा साहिब, ऊचा थाउ।

ऊचे ऊपरि ऊचा नाउ!

सबसे ऊँचा है प्रभु का नाम, उससे बढ़कर और कुछ नहीं। इसलिए अपने अंतर में चल रही सांसों की माला में प्रभु के नाम को पिरो लो।

नानक दिजे नाम दान, राखो ही परोइ!

धन्य है वह इन्सान जो अपने अंतर में राम नाम को पिरो लेता है। वह संसार में रहकर अपने काम-काज करता है, अपने कर्त्तव्य निभाता है, किंतु एक पल के लिए भी प्रभु के नाम को नहीं भूलता। उसके भीतर नाम का जाप निरंतर चलता रहता है।

राम नाम उच्चारने से अंदर के विकारों का नाश होता है। राम नाम उच्चारने से मनुष्य की सारी तृष्णायें खत्म हो जाती हैं। राम नाम उच्चारने से हमारी चेतनधारा जो नीचे के चक्करों में बँधी है, वह मुक्त होकर ऊपर के चक्करों में जा टिकती है। इससे अधिक और हमें क्या चाहिये?

श्रीराम पृथ्वी पर आये, और कैसी-कैसी लीलाएँ कीं। श्रीराम का नाम लेते ही मन को कितनी शांति मिलती है! श्रीराम के नाम की महिमा सभी संतों ने की है। गुरु ग्रंथ साहिब में राम नाम की महिमा की गई है। कबीर ग्रंथ या दादू ग्रंथ, गुरुदेव साधु वासवानी जी के नूरी ग्रंथ मे भी राम नाम की महिमा है। संतों ने राम नाम की महिमा की है।

भारत की आत्मा पर राम का नाम अंकित है। हम लोग बार-बार राम का नाम उच्चारते हैं, पर हमारे उच्चारण में खालीपन है।

ऐसा नहीं है कि केवल मुख से राम नाम उच्चारने से लाभ नहीं होगा। लाभ होगा, जरूर होगा, परंतु हृदय की गहराई से श्रीराम का नाम उच्चारेंगे तो आपको बहुत लाभ होगा। "राम" शब्द दो अक्षरों से बना है। "रा" और "म"। ऐसा कहा जाता है, "ॐ नम: नारायणाय" मंत्र का सार "रा" अक्षर में समाया हुआ है। उसी प्रकार "म" अक्षर में "ॐ नम: शिवाय" का सार है। जब दोनों मिलते हैं, तो "राम" अक्षर बनता है। यदि आपने एक बार "राम" कहा तो समझ लो आपने "नारायण" और "शिवजी" दोनों के मंत्रों का उच्चारण कर लिया।

मेरे प्यारे भाइयो और बहनो, पुराणों में एक बात का वर्णन किया गया है। एक दिन देवता आपस में लड़ने लगे। देवता भी आपस में झगड़ते हैं। देवलोक का हाल भी हमारी पृथ्वी की तरह है। वहाँ भी सत्ता पाने के लिए झगड़े होते हैं। एक दिन, प्रश्न उठता है सबसे महान, सबसे बड़ा देवता कौन है? हर कोई अपने बड़प्पन के किस्से सुनाने लगा। आखिर जब वे अपनी-अपनी प्रशंसा करके थक गये और देखा

नतीजा कुछ नहीं निकला, तब वे सोचते हैं, कोई जज बिठाया जाये, जो हमारा फैसला करे। वे सब ब्रह्मा के पास आते हैं। ब्रह्माजी से पूछते हैं, "आप बताइये, हम सब देवतों में बड़ा कौन है? महान और अकलमंद कौन है?"

ब्रह्माजी ने कहा, "उसके लिए तुम्हें एक परीक्षा देनी होगी। जो उसमें खरा उतरेगा, वही महान और अकलमंद कहलायेगा। मैं किसी की तरफदारी नहीं करना चाहता। आपके कर्म द्वारा फैसला हो जायेगा कि आप में से महान और अकलमंद कौन है।"

वे देवतों से कहते हैं–आप लोग पृथ्वी का चक्कर लगाकर आइये। जो सबसे पहले चक्कर लगाकर आयेगा, वही सबसे बड़ा कहलायेगा। सब देवता तुरंत निकल पड़ते हैं। सब देवताओं के पास अपने-अपने वाहन होते हैं, उनपर सवार होकर वे निकल पड़े। किन्तु विनायक गणपति नहीं जाते। गणपति का वाहन है चूहा। चूहा कितनी दूर उन्हें ले जा सकता था? वे दौड़े-दौड़े महर्षि नारद के पास आते हैं। एक तरफ तो महर्षि नारद लगाई-बुझाई करते हैं, दूसरी ओर हर उलझन का तोड़ भी उनके पास होता है। इसलिए अक्सर देवता अपनी उलझनें लेकर उनके पास जाते हैं। गणपतिजी को भी महर्षि नारद का विचार आया। गणपतिजी ने अपनी उलझन उन्हें बतायी। महर्षि नारद ने कहा–इसमें कौन सी बड़ी बात है? तुम जमीन पर "राम" शब्द लिखो और उसके चारों ओर चक्कर लगा लो। राम शब्द में सारी पृथ्वी समाई हुई है। ब्रह्माजी से कह दो, तुम पृथ्वी का चक्कर लगाकर आये हो।

गणपतिजी ने ऐसा ही किया और ब्रह्माजी के पास पहुँचे। ब्रह्माजी ने पूछा–क्यों तुम पृथ्वी का चक्कर लगाने नहीं गये क्या? गणपति जी ने उत्तर दिया–मैं पृथ्वी का चक्कर लगाकर ही लौटा हूँ।

ब्रह्माजी ने कहा, "इतनी जल्दी!" गणपतिजी ने कहा–"मैंने जमीन पर "राम" का नाम लिखा, उसके चारों ओर चक्कर लगाया और आ

गया क्योंकि राम नाम में पूरी पृथ्वी समाई हुई है। इसलिए आपको मानना होगा कि मैं पृथ्वी का चक्कर लगाकर आया हूँ।"

ब्रह्माजी ने सोचा, यह तो बिल्कुल सही बात है। ब्रह्माजी ने गणपति की बात मान ली। उस दिन से हर पूजा के आरंभ में लोग गणपतिजी की पूजा करते हैं, या कोई भी शुभ कार्य करने से पहले लोग गणपति की पूजा जरूर करते हैं। गणपतिजी को यह पदवी राम नाम की महिमा के कारण मिली।

एक दिन शिवजी और देवी पार्वती कैलाश पर्वत पर बैठे थे। दोपहर के भोजन का समय था। देवी पार्वती खाना परोसकर शिवजी के लिये लाती हैं।

शिवजी कहते हैं–प्रिय! आज तुम एक थाली परोसकर लायी हो। रोज तो तुम दो थालियाँ लाती हो, हम साथ बैठकर भोजन करते हैं।

पार्वती कहती है–प्रभु! आज मैं काम-काज में बहुत व्यस्त थी। इसलिये मुझे विष्णु सहस्त्र नाम का पाठ करने का समय ही नहीं मिला। आप खा लीजिये। आपके भोजन का समय हो गया है। मैं पाठ करने के बाद ही भोजन करूँगी।

कई लोगों का यह नियम होता है, कि वे जब तक किसी शास्त्र का पाठ न कर लें, तब तक भोजन ग्रहण नहीं करते। देवी पार्वती भी अपना नियम नहीं तोड़ना चाहती थीं। तब शिवजी, देवी पार्वती से कहते हैं, आओ आज मैं तुम्हें एक राज़ की बात बताऊँ।

वे कहते हैं–पार्वती! सारा विष्णु सहस्त्र नाम, एक नाम में समाया हुआ है। वह नाम है "राम"। तुम यदि एक बार राम का नाम लोगी तो सारे विष्णु सहस्त्र नाम का जाप हो जायेगा। ऐसी है राम नाम की महिमा।

मेरे प्यारे भाइयो और बहनो, राम नाम उच्चारना कितना आसान है। आप कहीं भी हों, राम नाम जप सकते हैं। ऑफिस में काम करते समय, नहाने के समय, भोजन करते समय, बिस्तर पर लेटे–लेटे, बगीचे

में टहलते समय, रास्ते पर चलते हुए या फिर यात्रा करते समय मन ही मन राम नाम जप सकते हैं।ऐसा करने से जीवन के अंतिम समय भी आपके होठों पर श्री राम का नाम होगा।

एक वेश्या थी जिसका नाम जयवंती था। लोग उसे गणका नाम से जानते थे, उसके घर में कोई नहीं था। न बेटा, न बेटी, न भाई, न बहन। उसने एक तोता पाला और उसे राम नाम उच्चारना सिखाया। यह बड़ा सरल है, आपके घर में जब बच्चे का जन्म हो तो तुरंत उसे कहो "राम" और रोज़-रोज़ उसके सामने राम नाम बोलते रहें, वह जल्दी बात करना सीखेगा और राम-राम बोलने लगेगा।

वेश्या और तोते की मृत्यु एक ही समय हो गयी। उन्हें दूत लेने आये। एक तरफ यमराज के दूत और दूसरी तरफ विष्णु के दूत। दोनों कह रहे थे, हम इन्हें ले जायेंगे। यमराज के दूतों ने विष्णु के दूतों से कहा "वेश्या का सारा जीवन पाप में लिप्त था। इसे विष्णु लोक में कैसे ले जाओगे?"

विष्णु के दूतों ने कहा, "अंतिम सांस के साथ, जब शरीर आत्मा से अलग होता है, उस वक्त इसने "राम" शब्द उच्चारा है, इसलिये इसे विष्णु लोक में ले जायेंगे।"

दोनों में तकरार झगड़ने लगे पर विष्णु लोक के दूत यमराज के दूतों से ज्यादा शक्तिशाली थे। उन्होंने यमदूतों को दूर हटाया, वेश्या और तोते को ले गये। यमदूतों ने यमराज से शिकायत की, यह कैसे हो सकता है? वेश्या का सारा जीवन पाप में लिप्त था, फिर भी उसे विष्णु लोक में ले गये! यमराज ने कहा, हमेशा याद रखो, यदि कोई व्यक्ति जीवन की अंतिम सांस से राम नाम उच्चारकर अपने प्राण त्यागता है, तो उसके समस्त पाप नष्ट हो जाते हैं।

मेरे प्यारे भाइयो और बहनो, अंतिम सांस राम नाम से भरे हों, इसके लिये जरूरी है, अभ्यास करते रहें। राम का नाम कितना मीठा है!

शक्कर से, मद्य से, हर मिठाई से मीठा है राम का नाम। इसे पाने के लिये हमें पैसे भी खर्च नहीं करने पड़ते। यह हमें मुफ्त में मिल गया है। कहते हैं, हनुमानजी "श्रीराम" कहकर समुद्र पारकर लंका पहुँचे, तो क्या हम श्रीराम का नाम लेकर संसार रूपी भवसागर से पार नहीं उतर सकते?

मेरे प्यारे भाइयो और बहनो, आइये आज से ही राम नाम का भजन करें और अपना जीवन सफल करें।

ॐ शांति! शांति शांति!

7
गीता की शिक्षा

मेरे प्यारे भाइयो और बहनो! आप सब को मेरा हार्दिक प्रणाम!

श्रीमद्भगवद्गीता एक अद्भुत शास्त्र है। इस शास्त्र में कर्म, ज्ञान और भक्ति योग का अनोखा संगम है। अलग-अलग देशों के विद्वानों और पण्डितों ने भिन्न-भिन्न धर्मों के शास्त्रों का अध्ययन किया है। उनका अभ्यास किया है और उन सब का एक ही मत है, कि सभी शास्त्रों में श्रीमदभगवद्गीता बेशक एक लासानी शास्त्र है, उस जैसा अन्य कोई शास्त्र नहीं।

पण्डित मदन मोहन मालविया का नाम आप ने सुना होगा, जिन्होंने बनारस विश्व विद्यालय की स्थापना की, वे बड़े विद्वान थे। एक अवसर पर उन्होंने कहा, जहाँ तक मैं समझता हूँ कि इस पृथ्वी पर श्रीमद्भगवद्गीता जैसा शास्त्र और कोई नहीं होगा। Dr. Humboldt जर्मनी के बड़े विद्वान हुए हैं। उनका कहना है कि संसार में कई शास्त्र हैं किन्तु सूक्ष्म और गूढ़ विचार जो गीता में दिये हुए हैं, ऐसे गूढ़ विचार अन्य किसी शास्त्र में हमें नहीं मिलते।

मेरे प्रियजनों, श्रीमद्भागवद्गीता में सात सौ श्लोक हैं। वास्तव में सात सौ एक श्लोक हैं। किन्तु किसी कारण वश एक श्लोक गिनती में नहीं आता। इसलिए कहा जाता है कि गीता में सात सौ श्लोक हैं। कई श्लोक तो ज्ञान का भंडार हैं। कई श्लोक ऐसे हैं, जिन में ध्यान और अभ्यास के बारे में बताया गया है। कई श्लोकों में जीवन के

अलग-अलग पहलुओं के बारे में बताया गया है। कुछ श्लोक ऐसे भी हैं, जिनमें कुछ ऐसी सरल शिक्षायें दी हुई हैं, जिन्हें आम आदमी अपने जीवन में उतारकर, अपना जीवन संवार सकता है। बहुत ही व्यावहारिक शिक्षायें जो हम अपने दैनिक जीवन में आसानी से अपना सकते हैं।

ऐसा ही एक श्लोक है, जिसके बारे में गुरुदेव साधु वासवानीजी हमें बार-बार बताते थे। इस श्लोक में भगवान श्रीकृष्ण अर्जुन से कहते हैं, जो मनुष्य केवल अपने लिए खाना पकाता है, वह चोर के समान है और वह पाप खाता है। इस संसार में कई लोग केवल अपने लिये ही भोजन पकाते हैं। वे अन्य प्राणियों से मिल बाँटकर नहीं खाते। देखिये, कभी कोई खाने की चीज़ बच जाती है, तो उसे हम फ्रिज में रख देते हैं।

एक दिन मैं किसी के घर गया। वहाँ रोटियाँ बनाने के बाद एकदम थोड़ा सा आटा बच गया, तो उसे फ्रिज में रख दिया। ज़रा सोचिये उस आटे से एक छोटी चपाती बनाकर यदि कौवे को डाल दी जाती, तो कितना अच्छा होता। अब उसे फ्रिज में संभाल कर रखा गया। अगले दिन जब आटा गूंथा जायेगा, तो वह बचा हुआ आटा मिलाकर रोटियाँ बनायी जायेंगी। इस प्रकार रोज़-रोज़ यह सिलसिला चलता होगा। मुझे किसी के यहाँ भोजन करने में संकोच होता है क्योंकि मैं सोचता हूँ, जो रोटी मुझे दी जायेगी, वह पता नही कितने वर्ष पुराने आटे की बनी होगी। जो अपने लिये खाना बनाते हैं, वह पाप का स्वाद ले रहे हैं।

एक समय था जब गुरुदेव साधू वासवानी जी दोपहर का भोजन करने से पहले भोजन का एक हिस्सा स्वयं अपने हाथों में ले जाकर रास्ते पर बैठे किसी भिखारी को दे आते थे। फिर स्वयं आकर भोजन करते। संत, सत्पुरुष, महात्मा अपने जीवन में गीता की शिक्षा की साक्षी देते हैं। यदि हम पाप खायेंगे, तो उसका प्रभाव हमारे जीवन, हमारे चरित्र, हमारे आचरण पर अवश्य ही होगा। समय-समय पर हमारे मन

में कितने विकार उठते हैं। कई बार हमें आश्चर्य भी होता है कि ये विकार हमारे मन में क्यों उठते हैं? ये विकार हमारे मन में कैसे आये? किन्तु यह तो बहुत स्वाभाविक है कि यदि हम पाप खायेंगे, तो हमारे मन में पाप का ही वास होगा।

मेरे प्यारे भाइयो और बहनो! गीता के इस आधे श्लोक में कितनी सुंदर शिक्षा दी हुई है, जिस पर अमल कर, हम अपने जीवन को नया रूप दे सकते हैं। गीता का एक और महत्त्वपूर्ण तथा व्यावहारिक शिक्षादायक श्लोक है, जिसमें श्रीकृष्ण, अर्जुन से कहते हैं, जानते हो मेरा प्रिय भक्त कौन है? मेरा प्रिय भक्त वह नहीं जो सारा दिन माला फेरे, न वह जो मेरे नाम से मंदिर बनवाये, न ही वह जो तीर्थ-यात्राओं पर जाये, ना ही वह भक्त जो धर्मशालायें बनवाये या अस्पताल बनवाये, या फिर पाठशालायें बनवाये और ना ही वह जो अपनी मधुर आवाज में मेरी महिमा के गीत गाये। मेरा प्रिय भक्त तो वह है, जिस का चित्त स्थिर है, जो दुःख में और सुख में, निन्दा और प्रशंसा में, बीमारी और सेहत में, खुशी और गम में, या फिर मौत के मुँह में होते हुए भी अडोल रहता है। उसने अपने सारे बोझ, अपनी सारी समस्याएँ, अपने तनाव, अपनी सारी उलझनें और कष्ट मेरे चरणों में रख दिये हैं। इसलिये ऐसा भक्त मुझे बहुत प्रिय है।

मेरे प्यारे भाइयो और बहनो! ऐसे भक्त की कितनी अद्‌भुत अवस्था होगी। वह जहाँ भी जाता होगा, हर जगह अपने कृष्ण की लीला देखता होगा। हर जगह अपने कृष्ण के दर्शन करता होगा।

ऐसा ही एक कृष्ण भक्त था। एक दिन वह कहीं जा रहा था। तभी उसे रास्ते में तीतर दिखायी देता है, जो अपनी आवाज़ में कुछ बोल रहा था। जब उस तीतर की आवाज़ भक्त के कानों में पड़ी, तो तुरंत भक्त की समाधि लग गयी। फिर वह कहता है, वाह! तीतर वाह! तुम्हारे मुख से कितने मीठे बोल निकल रहे हैं। उसी समय एक आदमी वहाँ से

गुजरता है, जिसकी किराने की दुकान थी। वह भक्त से पूछता है, स्वामी जी! आप ने तीतर के मुख से ऐसा क्या सुन लिया है, जिस पर आप को आश्चर्य हो रहा है? इस पर कृष्ण भक्त कहता है, मेरे भाई! मेरे प्रिय सुनो, ज़रा ध्यान से सुनो, तो तीतर क्या बोल रहा है। यह तीतर कह रहा है–वाह! कृष्ण तेरी कुदरत! वाह कृष्ण तेरी कुदरत! तुम्हें नहीं सुनाई दे रहा है क्या? इस पर वह पंसारी कहता है, स्वामी जी! मैं आपको सच बताऊँ, मुझे तो कुछ और ही सुनाई दे रहा है। मुझे तो लग रहा है कि तीतर कह रहा है–नमक, मिर्च, अदरक! नमक, मिर्च, अदरक! भक्त को सुनाई दे रहा था वाह कृष्ण तेरी कुदरत! और पंसारी को सुनाई दे रहा था नमक मिर्च अदरक!

इतने में वहाँ तीसरा व्यक्ति आ पहुँचा, जो था एक पंडा, पंडे जो खूब खाते हैं। वह इन दोनों से कहता है, तुम दोनों गलत हो। तुम ठीक तरह से तीतर को नहीं सुन रहे। मैं कान लगा कर सुनता हूँ कि तीतर क्या बोल रहा है। वास्तव में तीतर बोल रहा है, लड्डू, पेड़े, शरबत! लड्डू, पेड़े, शरबत! इतने में चौथा आदमी वहाँ से जा रहा था, वह एक राम मंदिर का पुजारी था, जो रोज़ रामजी की पूजा और आरती करता था। वह कहता है, मुझे तो कुछ और ही सुनायी दे रहा है। मुझे लग रहा है कि तीतर कह रहा है–'राम, लक्ष्मण, दशरथ!' 'राम, लक्ष्मण, दशरथ!' 'राम, लक्षमण, दशरथ!'

मेरे प्रियजनों! एक-एक व्यक्ति अपनी ही दुनिया में रहता है, और एक-एक व्यक्ति की दुनिया का रंग अपना है। इसलिये एक ही बात अलग-अलग लोगों को अलग-अलग लगती है। सबका अपना-अपना नज़रिया है। भाग्यवान है वह इंसान जो कृष्ण भक्ति में मग्न है। ऐसे इंसान का ही चित्त स्थिर होता है और वही श्री कृष्ण को प्रिय है।

आज मैं विशेष रूप से श्रीमद्‌भगवद्‌गीता के छठे अध्याय के पाँचवें श्लोक के बारे में बताना चाहूँगा।

जिस में श्रीकृष्ण कहते हैं, मनुष्य स्वयं ही अपना मित्र है और स्वयं ही अपना शत्रु है। वह स्वयं ही अपना उद्धार कर सकता है और स्वयं ही अपनी दुर्गति करता है।

एक समय था, जब लोग बड़े-बड़े यज्ञ करते थे। उन यज्ञों में लाखों रुपये खर्च हो जाते थे। जब उनसे पूछा जाता कि आप इतने बड़े-बड़े यज्ञ क्यों करवा रहे हैं, तो वे कहते हम ये यज्ञ मोक्ष प्राप्ति के लिए करवा रहे हैं। किन्तु श्रीमद्भगवद्गीता में बताया गया है, एक-एक को स्वयं अपना उद्धार करना है। संत, सत्पुरुष और हमारे गुरु हमें राह बताते हैं, हमें आध्यात्मिक राह पर चलना भी सिखातें हैं, पर चलना तो हमें ही होगा। यदि हम कदम आगे नहीं बढ़ायेंगे, तो फिर अपने लक्ष्य तक, अपनी मंज़िल तक कैसे पहुँचेंगे? देखिये, शरीर को शक्ति मिलती है भोजन के द्वारा, जब हम खायेंगे, तो हमारे शरीर को शक्ति मिलेगी, ऐसा तो नहीं हो सकता, भोजन कोई और खाये और शक्ति हमारे शरीर को मिले। जो खायेगा उसे ही शक्ति मिलेगी।

मनुष्य स्वयं अपना उद्धार करता है और स्वयं ही अपनी दुर्गति करता है। अक्सर मनुष्य अपने मन के वश में होता है और मन तो वह है जिसे आप जैसी संगति देंगे, उस पर उसी का रंग लग जायेगा। कहते हैं, 'जैसी संगत, वैसी रंगत।' यदि मन को सांसारिक बातों में उलझा रखेंगे, तो उस पर संसार का रंग लगेगा। मन का अपना कोई रंग नहीं है। मन को वही रंग लगता है, जैसा उसे संग मिलता है। इसलिये संतों, सत्पुरुषों ने बार-बार कहा है कि सत्संग में जाकर सत्संग कमाओ। जितना अधिक आप सत्संग में जायेंगे, उतना अधिक मन पर सत का रंग लगेगा और आप आध्यात्मिक राह पर आगे-आगे बढ़ने लगेंगे। जब हम संतों और सत्पुरुषों की संगति में अधिक समय बिताते हैं, तो हमारे मन में कितनी शुभ भावनायें उठती हैं, अपने प्रभु को पाने की चाह उठती है।

एक परिवार में दो भाई थे। एक भाई को सत्संग में रुचि थी,

इसलिए वह रोज़ सत्संग में नियम अनुसार जाता था। दूसरे भाई को क्लब में रुचि थी, वह रोज़ शाम को क्लब जाता था। सत्संगी भाई बार-बार अपने दूसरे भाई से कहता मेरे प्रिय! कितना अच्छा हो कि तुम भी सत्संग में चलो। एक बार तुम सत्संग का रस तो लेकर देखो। यदि एक बार सत्संग का रस चख लो, तो फिर तुम कभी भी सत्संग से दूर नहीं रह पाओगे। दूसरे भाई ने अपने सत्संगी भाई की बात सुनी अनसुनी कर दी। वह अपने भाई को बुद्धू समझता था। वह सोचता था, यह बुद्धू सत्संग में जाता रहे, बुद्धिमान लोग थोड़े ही सत्संग में जाते हैं। जो बुद्धू होते हैं या बूढ़े होते हैं, या जो बीमार होते हैं, वे सत्संग में जाते हैं। मैं तो बहुत समझदार, बुद्धिमान और जवान हूँ, मुझे क्या पड़ी है सत्संग में जाने की? पर उस का सत्संगी भाई उससे कहता, मेरे भाई! मैं तुम्हें रोज़-रोज़ सत्संग में चलने को नहीं कह रहा। बस! एक बार तुम सत्संग में मेरे साथ चलो और सत्संग का रस लो।

एक दिन अपने सत्संगी भाई को प्रसन्न करने के लिए दूसरा भाई कहता है, अच्छा कल मैं तुम्हारे साथ सत्संग में चलूँगा इस पर सत्संगी भाई उससे कहता है, मैं ठीक सात बजे तुम्हें लेने आऊँगा, तुम तैयार रहना। हम साथ-साथ चलेंगे। अगले दिन सत्संगी भाई अपने दूसरे भाई के पास ठीक शाम के सात बजे पहुँचता है, परन्तु उसका भाई तो साढ़े छः बजे ही क्लब के लिये निकल गया था। अक्सर वह क्लब शाम को सात या साढ़े सात बजे जाता था, पर जब उसे याद आया कि मेरा भाई मुझे सात बजे सत्संग में ले जाने के लिये आने वाला है, तो उसने सोचा क्यों न मैं साढ़े छः बजे ही क्लब के लिये निकल जाऊँ। उसने अपने भाई के लिये संदेश छोड़ा कि आज मैं किसी ज़रूरी काम से जा रहा हूँ, इसलिये मैं तुम्हारे साथ सत्संग में नहीं जा पाऊँगा। कल मैं तुम्हारे साथ सत्संग में चलूँगा। इस प्रकार दिन बीतते गये। रोज़ दूसरा भाई कहता, मैं कल तुम्हारे साथ सत्संग में चलूँगा, आज मैं सत्संग में नही चल पाऊँगा।

इस प्रकार वह कल-कल करता रहा। याद रखिये जो व्यक्ति ऐसा करता है, समझ लीजिये कि वह अभी तक अपने मन और इन्द्रियों के वश में है। सत्संग में शिक्षा मिलती है कि मनुष्य को अपने मन और इन्द्रियों को वश में रखना चाहिये। पर यह बहुत अफसोस की बात है कि अधिकतर लोग मन के वश में हैं, मनमुख हैं।

मेरे प्यारे भाइयो और बहनो! इस प्रकार कल-कल करते हमारा जीवन बीता जा रहा है और अचानक एक दिन मृत्यु हमारे सर पर खड़ी हो जाती है। तब हमें अहसास होता है कि हमने कितना सुनहरा अवसर अपने हाथों से गँवा दिया।

एक संत जो एक स्थान से दूसरे स्थान भ्रमण करते हुये एक नगर में पहुँचे, तभी उन की दृष्टि डाकघर के बाहर बैठे एक आदमी पर पड़ी, जिस के सामने पुराना सा एक टाईप राईटर रखा था, और पास ही कुछ कागज़ रखे थे। वह आदमी टाइपिंग नहीं कर रहा था, बल्कि श्री सुखमनी साहिब का पाठ कर रहा था।

मनि साचा, मुखि साचा सोइ, अवरु न पेखै एकसु
बिनु कोइ, नानक इह लछण ब्रहम गिआनी होइ।
ब्रहम गिआनी, सदा निरलेप, जैसे जल महि कमल अलेप।
ब्रहम गिआनी, सदा निरदोख, जैसे सूरु सरब कउ सोख।

इस तरह वह पाठ करता जा रहा था। संत को यह देखकर बहुत अच्छा लगता है। वह उस आदमी के पास आकर कहते हैं, तुम इतनी श्रद्धा, और प्रेम से श्री सुखमनी साहिब का पाठ कर रहे हो। तुम्हारे सामने तो टाईप राईटर और कागज़ रखे हैं, इसका क्या कारण है? वह आदमी खड़ा हो जाता है और संत से कहता है—स्वामी जी! यह टाईप राईटर मेरे रोज़गार का साधन है। मैंने कुछ कागज़ रख दिये हैं। कभी कोई पत्र टाईप करवाने आता है, तो कभी अर्ज़ी टाईप करवाने आ जाता है। इस तरह मुझे कुछ पैसे मिल जाते हैं और मेरी रोज़ी रोटी हो जाती

है। बाकी जो समय मुझे मिलता है, मैं श्री सुखमनी साहिब का पाठ करता रहता हूँ।

संत को आदमी की हालत देखकर बड़ी दया आती है, वह मन में सोचते हैं, यह एक भक्त है और यह इस तरह मुफलसी में रहे, कुछ ठीक नहीं लगता। संत के पास पारस था। वह उस आदमी को पारस देते हुये कहते हैं–यह पारस मैं तुम्हारे पास छोड़कर जा रहा हूँ। यदि तुम इस पारस को लोहे पर घिसोगे तो लोहा सोना बन जायेगा। मैं चाहता हूँ कि इस पारस का उपयोग करके तुम अमीर बन जाओ और खूब प्रभु की भक्ति करो। किन्तु दस दिन के बाद मुझे दूसरे स्थान पर जाना है। मेरी रेलगाड़ी यहाँ से गुज़रेगी, मैं तुम्हारी खातिर यहाँ उतरूँगा, फिर जल्दी ही यह पारस तुम से लेकर रेलगाड़ी में सवार होकर आगे चला जाऊँगा। तुम पारस तैयार रखना।

वह आदमी बहुत खुश होता है। मन ही मन कहता है, पारस! पारस! जिसे लोहे पर घिसो, तो लोहा सोना बन जाये! फिर मैं बहुत धनवान बन जाऊँगा। संसार की सारी चीज़ें खरीद सकूँगा। चाहूँ तो राजा का महल भी खरीद लूँ। इस तरह वह बड़े-बड़े सपने देखने लगा। वह बाजार जाता है और लोहे का भाव पूछता है। बाज़ार में उसे बताते हैं कि आज लोहे का भाव बढ़ गया है। यह आदमी सोचता है, लोहे का भाव बढ़ गया है, तो मुझे कुछ दिन रुक जाना चाहिये। पारस तो मेरे पास है। मैं जब चाहूँ लोहे को सोना बना सकता हूँ। इस तरह दिन बीतने लगे। वह रोज़ लोहे का भाव पूछने बाजार जाता और रोज़ उसे पता चलता कि लोहे का भाव बढ़ रहा है। लोग उससे कहते हैं, लोहा आजकल तेज़ी में है। यदि तुम अधिक मात्रा में लोहा खरीदना चाहते हो, तो पास ही लोहे का कारख़ाना है, यदि तुम लोहा सीधा कारख़ाने से खरीदोगे तो तुम्हें लोहा सस्ता पड़ेगा।

वह पास के कारख़ाने में ऑडर भेजता है कि मुझे तीन लोहे से भरी ट्रकें तुरंत भेजो। अब आदमी उन ट्रकों के आने का इंतजार करने

लगा। रोज़ उससे कहते ट्रकें कल आयेंगी। ऐसा करते-करते दस दिन गुज़र गये। संत अपना पारस वापस लेने के लिये आ पहुँचे। यह आदमी कहता है–स्वामी जी! मैंने अभी तक पारस का उपयोग ही नहीं किया है। तीन ट्रकें लोहे की आने वाली हैं। किन्तु बरसात होने के कारण उन को यहाँ पहुँचने में समय लग रहा है। मुझे और दो-तीन दिन के लिए पारस रखने दीजिये।

तब संत ने उस आदमी से कहा, मैंने तुम्हें दस दिनों के लिए पारस दिया और तुमने दस दिन यूँ ही गँवा दिये। यदि लोहा महंगा था तो भी तुम्हें उससे क्या फर्क पड़ता। तुम यदि लोहे के एक छोटे से टुकड़े को सोना बना देते, तो सारे महंगे लोहे की पूर्ति हो जाती। यह तुमने क्या किया? अब मुझे पारस वापस चाहिये। मुझे गाड़ी पकड़नी है। मैं तुम्हें पारस अधिक समय के लिये नहीं दे सकता। उस दिन बदकिस्मती से उस के पास टाईप राईटर भी नहीं था, नहीं तो पारस को उस पर घिसता, तो वह सोना बन जाता और उसे काफी धन मिल जाता। शायद टाईप राईटर खराब हो गया था। उसे बनवाने के लिए भेजा था। उस समय लोहे की कोई भी चीज़ उसके पास नहीं थी, जिसे वह सोना बना लेता। शायद हमें इस व्यक्ति की हालत पर हँसी आये। किन्तु हमारी दशा भी ऐसी है।

मेरे प्यारे भाइयो और बहनो! हमें भी पारस दिया गया है। यह पारस है मानव योनि, जिसे हम यूँ ही गँवा रहे हैं। हमारे पास लोहा भी है। वह है हमारे श्वास। इन श्वासों को प्रभु की याद से भरना है। प्रभु के प्रेम से बांधना है। जिन श्वासों को हम प्रभु की याद, प्रभु के प्रेम से भरते हैं, बेशक वे सोना हो जाते हैं। किन्तु अफसोस, यह अमूल्य श्वास हम यूँ ही व्यर्थ गँवा रहे हैं। रोज़-रोज़ कहते हैं, कल प्रभु को याद करेंगे। इस प्रकार कल-कल, करते-करते यह जीवन बीत जाता है और अचानक एक दिन संत की तरह यम के दूत आते हैं, कहते हैं, अब तुम्हारा समय समाप्त हो गया। हमें पारस वापस चाहिये। तुमने अपना

अवसर खो दिया।

'मनुष्य स्वयं अपना उद्धार करता है और स्वयं ही अपनी दुर्गति करता है।' मेरे प्रियजनों यदि आप अपना उद्धार करना चाहते हैं तो मानव योनि के रूप में मिले हुये, इस पारस का लाभ उठायें और अपना जीवन सफल करें।

ॐ शांति! शांति! शांति!

8
धैर्य और सहनशीलता

मेरे प्यारे भाइयो और बहनो, आप सबको मेरा हार्दिक प्रणाम!

एक-एक साधक, जो आध्यात्मिक राह पर कदम बढ़ाना चाहता है, संतों, सत्पुरुषों की सेवा करना चाहता है, उसके जीवन में दो मुख्य बातों का होना बहुत ज़रूरी है।

पहली बात धैर्य और सहनशीलता और दूसरी बात दृढ़ विश्वास। हमें यह विश्वास होना चाहिये, कि संत जो कुछ भी करते हैं, उस में ही हमारा भला है।

देखिए, प्रकृति कितनी धैर्यवान है, सहनशील है। ज़रा सोचिये, सूर्य रोज़-रोज़ ठीक समय पर उदय होता है, न सिर्फ एक दिन, न सिर्फ एक हफ्ता, न एक महीना बल्कि सदियों से चमक रहा है, अपना प्रकाश और तेज हमें दे रहा है, उस की रोशनी और गर्मी पर इस पृथ्वी का अस्तित्व निर्भर है।

उसी प्रकार वृक्ष एक ही स्थान पर बंधे हुए हैं, फिर भी किसी से कोई शिकायत नहीं करते, ऊपर प्रभु की ओर देखकर, प्रभु का धन्यवाद करते रहते हैं, उन की महिमा गाते रहते हैं।

एक आदमी कहता था कि जब मैं काम करके थक जाता हूँ, सोचता हूँ, मैंने इतनी मेहनत की, पर नतीजा कुछ नहीं निकला। तब मैं वहाँ जाता हूँ, जहाँ नई इमारत बन रही होती है। मैं वहाँ जाकर पत्थर

तोड़ने वाले मज़दूरों को देखता हूँ, जो बार-बार हथौड़े से पत्थर को तोड़ने की कोशिश करते हैं, पर पत्थर टूटने की कोई उम्मीद नजर नहीं आती, पर वे लोग लगातार हथौड़ा मारते रहते हैं। शायद दो सौ बार, चार सौ बार हथौड़ा मारने के बाद जाकर पत्थर टूटता है। इसी प्रकार आध्यात्मिक राह पर चलने के लिये हमें धैर्य की बहुत ज़रूरत है।

तेईस सौ वर्ष पहले Demosthenes का जन्म हुआ, जिस का नाम आज भी लोग बड़े आदर और श्रद्धा से लेते हैं। उसके बोलने का अंदाज़ ऐसा था कि लोगों पर उसका जादू चल जाता था। लोग उसके पीछे-पीछे चलने लगते और उसकी बात मानने के लिए तैयार हो जाते थे। किंतु यही आदमी Demosthenes ने जब पहली बार अपना भाषण दिया, तो उसके कंठ का हाल यह था कि वह ठीक तरह से बोल ही नहीं पाता था। एक पंक्ति के तीन-चार शब्द भी यदि उसने ठीक से बोले, तो बड़ी बात हो गई। तभी उसने मन-ही-मन दृढ़ निश्चय किया कि मैं अपने बोलने की शक्ति विकसित करके रहूँगा। वह रोज़ समुद्र के किनारे जाता और वहाँ से कंकड़ लेकर अपने मुँह में डालकर, समुद्र के किनारे टहलने लगता और बार-बार बोलने का अभ्यास करता था। उसने कड़ी मेहनत और धैर्य से अपने अंदर बोलने की ऐसी शक्ति विकसित की, जिसे लोग आज तक नहीं भूले हैं। इस संसार की महान विभूतियों ने जो भी पाया है, वह धैर्य और विश्वास से ही पाया है।

कई बार हम धैर्य खो बैठते हैं, ऐसा करके हम स्वयं को ही नुकसान पहुँचाते हैं और बाद में पछताते हैं।

एक राजा था। उसके पास एक बाज़ था। राजा उस बाज़ को बहुत प्यार करता। उसके साथ बातें करता। बाज़ में उसके प्राण बसे थे। वह जहाँ भी जाता, बाज़ को अवश्य अपने साथ ले जाता था। एक दिन राजा शिकार करने निकला और अपने साथ उस बाज़ को भी ले गया। शिकार करते-करते राजा अपने साथियों से बिछुड़ जाता है। अब राजा के साथ केवल उसका बाज़ ही था। राजा को बहुत प्यास लगती है, वह सोचता

है कहीं से थोड़ा पानी उसे मिल जाये ताकि वह अपनी प्यास बुझा सके।

सामने देखता है कि एक पहाड़ी से टप-टप पानी गिर रहा है। राजा पानी भरने के लिये एक छोटा प्याला वहाँ रखता है। कुछ ही देर में प्याला पानी से भर जाता है। राजा जैसे ही वह प्याला उठाकर पानी पीने ही वाला था कि तभी अचानक बाज़ प्याले पर झपटा और सारा पानी नीचे गिर गया। राजा को बाज़ पर बहुत क्रोध आता है और वह उसे गुस्से से घूरता है। राजा फिर से वह प्याला पानी भरने के लिए रख देता है। बाज़ फिर से प्याले का पानी गिरा देता है। तीसरी बार भी ऐसा ही होता है, पर तीसरी बार राजा का धैर्य टूट जाता है। क्रोध में आकर वह तलवार से बाज़ के दो टुकड़े कर देता है।

कुछ देर बाद जब उसका क्रोध शांत होता है, तब वह सोचता है, यह मैंने क्या किया? मैंने अपने ही हाथों से, अपने प्रिय पक्षी को मार डाला। उसकी प्यास तो जैसे गुम ही हो गई। वह पानी नहीं पीता। अचानक राजा देखता है कि जहाँ से पानी आ रहा है, वहाँ एक मृत शरीर पड़ा है। मृत शरीर से जो पानी टपक रहा था, वह तो जहरीला होता है। तब जाकर उसे एहसास होता है कि बाज़ को मालूम था कि यह पानी पीने लायक नहीं है। उसने ऊपर उड़कर देख लिया और मुझे यह पानी पीने से बचा लिया। लेकिन मैंने तो अपने ही हाथों से अपने प्रिय बाज़ को मार दिया। मुझे तो उसका अहसान मानना चाहिए था। अब राजा आजीवन पछताता रहा।

एक बार एक महिला थियेटर में नाटक देखने गयी। देर रात को वह घर लौटी। दूसरे दिन सवेरे जब वह उठी, तो क्या देखा कि उसके गले से हीरों का हार गायब था। वह सोचती है, शायद कहीं गिर गया होगा। सारा घर ढूँढ़ती है, पर हार कहीं नहीं मिलता। फिर उसे याद आता है कि कल मैं थियेटर में नाटक देखने गयी थी, हो सकता है, हार वहाँ गिरा हो। थियेटर के मैनेजर को फोन करती है और उस से कहती

है, "कल मैं आप के थियेटर में नाटक देखने आयी थी। मेरे गले में एक हीरों का हार था, जो गुम हो गया है। हो सकता है, थियेटर में गिर गया हो, कृपया आप बतायें कि किसी को यह हार मिला है क्या?

तब मैनेजर कहता है कि हमने अभी तक थियेटर की सफाई नहीं की है, अगर आप थोड़ी देर ठहरें, तो मैं अभी अपने आदमियों से थियेटर की सफाई करवाता हूँ और हार को ढूँढ़ने की कोशिश करता हूँ। अगर हार मिल गया, तो आकर आप को बताता हूँ। मैनेजर को हीरों का हार थियेटर में मिल जाता है। वह फोन पर आकर उस महिला को खुशखबरी देना चाहता है, पर तब तक वह फोन रख चुकी थी। शायद काफी देर तक फोन पकड़कर वह थक गयी होगी। मैनेजर ने कई बार Hello-Hello भी किया, पर दूसरी ओर से कोई आवाज़ नहीं आई। मैनेजर को उस महिला का न नाम मालूम था, न फोन नंबर और न ही उसके घर का पता। वह उसे कहाँ ढूँढ़ता? उस महिला ने अपना धैर्य खोकर अपना हीरों का हार भी खो दिया।

मेरे प्रियजनों! धैर्य खोकर हम अपना ही नुकसान करते हैं और बाद में पछताते हैं। आध्यात्मिक राह पर चलने वालों के लिए धैर्य का होना बहुत ज़रूरी है क्योंकि इस राह में हम जैसे-जैसे कदम बढ़ाते हैं, वैसे-वैसे हमारे सामने कई रुकावटें आती हैं, मुश्किलें आती हैं, कई गलतफहमियाँ पैदा होती हैं। अगर हममें सहनशक्ति नहीं है, तो हम टूट जाते हैं। जो व्यक्ति धैर्य का दामन नहीं छोड़ता, एक दिन जीत उसी की होती है।

एक नर्स अस्पताल में काम करती थी। एक बीमार आदमी उस अस्पताल में अपना इलाज करवाने आता है। वह बहुत बीमार था। उसकी हालत इतनी खराब थी कि डॉक्टरों ने उसे खाना देने से इन्कार कर दिया। उसे पानी भी बहुत कम मात्रा में देते थे। वह नर्स इस बीमार के पास रोज़ आती थी। उसे प्रभु का रूप मानकर उस की सेवा ऐसे करती थी, मानो प्रभु की पूजा कर रही हो।

आज विश्व को ऐसी नर्सों की बहुत ज़रूरत है। धीरे-धीरे वह बीमार ठीक होने लगता है। अब डॉक्टर उसे रोज़ खाने के लिए एक अंडा देते हैं। नर्स उसके लिये अंडा लाती है। वह बीमार बहुत दुःखी था क्योंकि वह कई दिनों तक भूखा-प्यासा रहा। एक अंडा देखकर उसे इतना गुस्सा आता है, वह सोचता है एक तो इतने दिनों के बाद खाने की अनुमति मिली है और खाने को दे रहे हैं सिर्फ एक छोटा सा अंडा! गुस्से में आकर वह बीमार अंडा नर्स के मुँह पर मारता है। नर्स बड़ी सहनशील थी। वह चुपचाप मुस्कुराकर अपना मुँह पोछती है। फिर जाती है, एक और अंडा लेकर आती है। वह बीमार दूसरी बार भी अंडा नर्स के मुँह पर मारता है क्योंकि उस का गुस्सा ठंडा नहीं हुआ था। नर्स फिर मुस्कुराकर अपना मुँह पोछती है और तीसरी बार अंडा लेकर आती है और उस बीमार को देने से पहले कहती है, "तुम मेरे भाई हो ना? फिर इतना गुस्सा क्यों करते हो? डॉक्टर तुम्हारे फायदे के लिए ही पहले थोड़ा सा खाना दे रहे हैं। इतने दिनों के बाद खाने के लिए कहा है तो तुम ये अंडा क्यों नहीं खा रहे?" ये शब्द सुनकर बीमार का दिल पिघल जाता है और उसकी आँखें भीग जाती हैं। बीमार नर्स से पूछता है, "हाँ, मैं तुम्हारा भाई हूँ, पर मुझे पहले बताओ कि तुमने इतना सहनशील होना कहाँ से सीखा है?" तब वह नर्स कहती है कि यह सहनशीलता मैंने अपने गुरु से सीखी है। वह बीमार विदेश से आया था। अब नर्स से कहता है, "तुम्हारा गुरु, मेरा गुरु है। मैं भी उनका शिष्य बनना चाहता हूँ।"

मेरे प्यारे भाइयो और बहनो, आज के इस तनाव और भाग-दौड़ के युग में सहनशीलता की बहुत ज़रूरत है। धैर्यवान होने से मनुष्य की इच्छा-शक्ति का विकास होता है और इच्छा-शक्ति का विकास करना बहुत जरूरी है क्योंकि इच्छा-शक्ति के बिना हम अपने जीवन में कुछ भी नहीं कर सकते। यदि हम नाम सिमरन करना चाहते हैं, ध्यान में बैठना चाहते हैं या प्रार्थना करना चाहते हैं, अगर हमारे पास इच्छा-शक्ति

नहीं है तो जल्दी थक जाते हैं और अभ्यास छोड़ देते हैं।

भगवान बुद्ध का एक भिक्षु था। उसने एक बार प्रण किया कि जब तक मैं सिद्धि प्राप्त नहीं कर लेता, तब तक आश्रम में लौटकर नहीं आऊँगा। वैसे तो वह अन्य भिक्षुओं के साथ रहता था, अब अकेला रहने लगा।

मेरे प्रियजनों, अकेले रहने से इस बात का खतरा रहता है, मनुष्य के दबे विकार उसे सताने लगते हैं। अकेला रहना यानी मैं और शैतान। उस भिक्षु के साथ ऐसा ही हुआ। जब से अकेला रहने लगा तो उसे विकारों ने घेर लिया। वह निराश होने लगा। सोचने लगा, यह क्या? न दीन का रहा न दुनिया का। इससे तो बेहतर है कि मैं सांसारिक जीवन व्यतीत करूँ, वह धैर्य खो बैठा और भिक्षुओं ने बड़े स्नेह से पूछा, तुम्हें ज्ञान की प्राप्ति हो गयी?

उसने कहा, यह सब मिथ्या है। अब मैं संन्यासी बनकर नहीं रहना चाहता। मैं सांसारिक जीवन व्यतीत करना चाहता हूँ। भिक्षु उसे समझाते हैं कि तुम ने अपना क्या हाल बना लिया है। वे उससे कहते हैं कि जाने से पहले तुम गुरुदेव से विदा तो लेकर जाओ और वे उसे महात्मा बुद्ध के पास लेकर आते हैं।

महात्मा बुद्ध कहते हैं–वत्स! बस इतनी जल्दी थक गये और अपना धैर्य खो बैठे। भिक्षु अपने गुरु से कुछ न कह सका। बुद्ध का मुख-मंडल इतना तेजस्वी था कि जो भी उनके सामने जाता, बस उन्हें देखता ही रह जाता। उस भिक्षु के मुख से एक शब्द भी नहीं निकला।

भगवान बुद्ध ने भिक्षु से कहा-तुम इतने निराश क्यों हो गये हो? एक समय तुम्हारी मेहनत की बदौलत पाँच सौ लोगों की जानें बची थीं फिर तुम ने अपना मन क्यों छोटा किया है?

महात्मा के कहने के अंदाज़ में ऐसा जादू था कि भिक्षु की आँखों से अज्ञानता के पर्दे हट गये और उस में नया जोश आ गया। गौतम बुद्ध

को नमस्कार कर वह फिर से ध्यान में जाकर बैठता है। आश्रम के अन्य भिक्षु पूछते हैं, प्रभु! इस ने पाँच सौ लोगों की जानें बचायी, यह बात हमारी समझ में नहीं आई।

तब महात्मा बुद्ध ने मुस्कुराकर कहा, तुम लोग इसे अभी से जानते हो, परंतु मैं तो इसे जन्मों से पहचानता हूँ। एक जन्म में यह एक बड़े व्यापारी का नौकर था। एक बार व्यापारी अपना सामान एक देश से दूसरे देश ले जाता है। पाँच सौ लोगों का कारवां निकलता है। उन्हें एक बड़े रेगिस्तान से गुजरना पड़ता है। दिन में सूरज की तपन से रेगिस्तान की रेत गर्म हो जाती है। फिर उस पर पैदल नहीं चला जा सकता। यदि कोई चलेगा, तो उसके पैरों में छाले पड़ जायेंगे। इसलिए कारवाँ रात को चलता था। वे दिन में कहीं तंबू गाढ़ लेते थे। रात को कारवाँ आगे बढ़ता था। अट्ठाईस दिन की यात्रा थी। उन लोगों ने उतने ही दिनों के लिए खाना लिया था। उन में से एक को रास्ते की जानकारी थी। तारों को देखकर उसे पता चल जाता था कि मंजिल कितनी दूर है।

सत्ताईस दिन पूरे हुये, बाकी एक रात की बात थी। इन लोगों ने सोचा सूरज निकलते ही हम अपनी मंजिल तक पहुँच जायेंगे। रात को ये लोग आगे बढ़े। रास्ता दिखाने वाले को झपकियाँ आने लगीं। उसके नैनों में नींद का खुमार था। वह रास्ता भूल गया। सुबह हुई तो उन्होंने देखा कि वे तो उसी रास्ते पर लौट आये हैं, जहाँ से कल चले थे। सब सोचने लगे कि दो रातों की यात्रा कैसे करेंगे? गर्मी के मौसम में पाँच सौ लोग बिना पानी के रेगिस्तान से कैसे गुजरेंगे?

व्यापारी को प्रभु पर भरोसा था। उसने यहाँ-वहाँ नज़र दौड़ायी। दूर से उसे रेत के ढेर के बीच एक हरा पत्ता नज़र आया। उसके दिल में आशा जागी। उसने सोचा ज़रूर आस-पास कहीं पानी है, नहीं तो हरा पत्ता कैसे उग सकता है? उसने मन ही मन प्रभु का धन्यवाद किया। सब लोग ज़मीन खोदने लगते हैं। काफी देर तक खड्डा खोदते रहे। खड्डे के ऊपर एक भारी पत्थर रखा था। व्यापारी ने झुककर पत्थर पर

कान लगाया, तो उसे कलकल करते हुए बहते पानी की आवाज़ सुनायी दी। उसने नौकर को बुलाया और कहा, "कैसे भी इस बड़े पत्थर को तोड़ना होगा।"

नौकर आज्ञाकारी था। उसने व्यापारी की आज्ञा का पालन किया। वह पत्थर को तोड़ने लगा और फिर पत्थर के टूटते ही वहाँ से पानी निकल पड़ा। काफिले में खुशी की लहर दौड़ जाती है। सबने उस पानी में स्नान किया और शीतल जल पीया। महात्मा बुद्ध आगे कहते हैं-वह व्यापारी मैं था और यह मेरा नौकर था। इसकी मेहनत की वजह से पाँच सौ लोगों की जानें बच गईं।

मेरे प्यारे भाइयो और बहनो! जीवन में कभी भी धैर्य न छोड़ें। मुश्किलें, तकलीफें तो जीवन में आयेंगी, किंतु इच्छा-शक्ति द्वारा हम उनका सामना कर सकते हैं। जैसे किसान खेती करते हैं। कुछ किसान ऐसे होते हैं जो सूखा पड़ने पर खेती का काम छोड़ देते हैं पर कुछ किसान ऐसे भी होते हैं जिनकी कई पुश्तें गाँव में रही हैं। चाहे सूखा कितने भी साल पड़े, फिर भी ये लोग अपनी जमीन छोड़कर नहीं जाते क्योंकि यह उनका कर्त्तव्य है। गाँव में उनके दादा, परदादा खेती-बाड़ी का काम करते थे। ये लोग भी खेती-बाड़ी छोड़ते नहीं। आप भी साधना करते रहें और प्रार्थना करते रहें। याद रखें, जब आप प्रार्थना करते हैं तो उसका उत्तर आप को अवश्य मिलेगा। प्रार्थना द्वारा मनुष्य क्या नहीं कर सकता? इसलिए प्रार्थना करते रहें।

संत Augustine बड़े खानदान का युवक था पर वह कुसंग में फँस जाता है। वह एक स्त्री को अपने घर में रखता है। उसका जीवन पाप में लिप्त था। उसकी माता जो दूसरे शहर में रहती थी, उसे यह बात मालूम पड़ती है, उसे बहुत दु:ख होता है। वह बहुत रोती है। अपने बेटे के लिए ईश्वर से प्रार्थना करती है। "प्रभु! आप तो पतित पावन हैं, मेरे पतित बेटे को पापों से बचाओ, उसे नवजीवन प्रदान करो।" वह प्रार्थना करती रही, न केवल एक दिन न केवल एक सप्ताह, न केवल एक

महीना, पर कई वर्षों तक लगातार प्रार्थना करती रही। उसे पूर्ण विश्वास था कि एक दिन प्रभु ज़रूर उसकी प्रार्थना स्वीकार करेंगे। कई साल गुजर जाते हैं। फिर उसके बेटे के जीवन में परिवर्तन आता है और वह संत बन जाता है।

संत Augustine ईसाई धर्म के शिरोमणि माने जाते हैं। इसलिये प्यारे भाइयो और बहनों, मनुष्य को सदा धैर्यवान होना चाहिये। हम छोटी-छोटी बातों पर अपना धैर्य खो बैठते हैं। ऐसा देखा गया है कि कुछ लोग आपस में मिलते हैं, फिर कुछ बात निकलती है, उस पर बहस शुरू हो जाती है। एक भाई कोई बात कहेगा, तो दूसरा उसमें टपक पड़ेगा और अपनी बात करने लगेगा। इस पर पहला भाई कहेगा, "मुझे बोलने तो दो, मुझे अपनी बात तो पूरी करने दो।"

हमारा कर्त्तव्य है, हम पहले सामने वाले की बात सुनें कि वह क्या कहना चाहता है। उसे बोलने दें, उसकी बात पूरी तो होने दें। हम समझते हैं कि हमें सब कुछ पता है। हम पहले से ही सब कुछ जानते हैं। यह व्यक्ति फिजूल ही हमारा समय बरबाद कर रहा है। पर नहीं, हमें ऐसा नहीं करना चाहिये।

एक बार एक छोटी बच्ची अपने पिता के पास बैठी थी। थोड़ी देर बाद उसने कहा, "पिताजी! अब मैं जाती हूँ।" यह सुनते ही उसके पिता का गुस्सा उमड़ आता है। वह कहता है, तुम बाहर कैसे जा सकती हो? तुम्हें बाहर जाने की अनुमति किसने दी? लड़की कहती है,"पिताजी, मैं तो अपना स्कूल का काम करने जा रही हूँ। आज स्कूल से बहुत काम मिला है ।" यह सुनते ही पिता लज्जित हो गया।

धैर्य के बिना हमारे जीवन की राहें काफी मुश्किल हो जाती हैं। धैर्य के बिना हम आध्यात्मिक राह पर कभी कदम बढ़ा नहीं सकते। इसलिये सहनशील होने का प्रयास करें और प्रभु से यही प्रार्थना करें कि हमें सहनशील बनाओ।

धैर्य और सहनशीलता से ही हम जीवन की यात्रा को सफल बना सकते हैं।

ॐ शान्ति! शान्ति! शान्ति!

9
तैयारी की है या नहीं, तैयारी कर रहे हैं या नहीं

मेरे प्यारे भाइयो और बहनो! आप सब को मेरा हार्दिक प्रणाम!

सब संतों और सत्पुरुषों की शिक्षा है कि तुम दूसरों के साथ ऐसा व्यवहार करो, जैसा तुम चाहते हो कि दूसरे तुम्हारे साथ करें। हमारा फर्ज़ है कि हम अपने आप को दूसरे की जगह पर रखकर विचार करें कि अगर यह मेरी जगह होता, तो मैं उससे किस तरह के व्यवहार की उम्मीद करता। वैसा ही व्यवहार हमें उसके साथ करना चाहिये, तो फिर हम कभी भी किसी के दिल को ठेस नहीं पहुचायेंगे। कितना सुंदर विचार है यह। इस शिक्षा को सुनहरा उसूल कहते हैं। सब शास्त्र यही कहते हैं कि तुम दूसरों से अलग नहीं हो, हम सब एक हैं।

हमें एक कदम और आगे जाना होगा। वह है प्रभु को हर पल याद करें। मन में प्रभु का ध्यान करें और दूसरों की सेवा करें। संत, सत्पुरुष जो शिक्षा हमें देते हैं, उस शिक्षा को अपने जीवन में उतारने की कोशिश करें और एक नये जीवन की शुरुआत करें।

एक दिन तो हमें इस संसार से जाना ही है। मौत आये उससे पहले हमें अपना जीवन नया बनाना चाहिये। इस सृष्टि का नियम है, जो आया है, वह जायेगा ज़रूर। जिसकी शुरुआत हुई है, उसका अंत होना ही है।

प्राचीन पुस्तकों में ऐसा बताया गया है कि योगी, महायोगी अपनी योग साधना से हज़ारों वर्ष जीवित रहते थे। किन्तु वे भी अपने शरीर को

त्यागकर इस संसार से चल बसे। एक-एक को चलना ही होगा। इस संसार का यही दस्तूर है।

मेरे प्यारे भाइयो और बहनो! इन्सान क्या है? इस सवाल के अलग-अलग जवाब दिये गये हैं। एक जवाब यह है कि इन्सान एक यात्री है। इन्सान जो इस पृथ्वी पर आया है, उसे एक दिन अवश्य वापस जाना है। जिस यात्रा पर हमें वापस जाना है, उस यात्रा के लिए क्या हमने कुछ तैयारी की है या नहीं?

यह शरीर एक मकान है। एक दिन इस शरीर रूपी मकान को खाली करके आगे की यात्रा पर चलना होगा। हम अपने आपसे पूछें कि इस यात्रा के लिए हमने कुछ तैयारी की है या नहीं?

एक राजा था। वह अपने दरबार में बैठा था। दूर देश से उसके पास एक आदमी आया। उसने आकर राजा को एक पंखा दिया। राजा ने उस पंखे को खोला, उस पर की हुई पेंटिंग को देखा। राजा को वह पंखा बहुत पसंद आया। थोड़ी देर तक राजा ने उस पंखे का इस्तेमाल किया। फिर वह पंखा दरबार के एक मसखरे को देते हुए कहा, तुम यह पंखा अपने पास रखो। जब कभी भी तुम्हें अपने से अधिक मूर्ख व्यक्ति मिले, तो यह पंखा तुम उसे दे देना।

राजा के कहने का तात्पर्य यह था कि वह मसखरा सबसे अधिक मूर्ख था, इसलिए राजा ने उसे वह पंखा दिया। कई साल बीत गये। एक दिन राजा बीमार पड़ गया। उसके बचने की कोई उम्मीद नहीं थी। उस समय मसखरा आता है और राजा के अंतिम दर्शन करने की अनुमति माँगते हुए दरबारियों से कहता है, राजा मुझ पर बहुत मेहरबान थे। वे मेरा बहुत ख्याल करते थे। मैं चाहूँगा कि मैं उनके अंतिम दर्शन करूँ। मसखरा राजा के कमरे में आता है और उन्हें प्रणाम करता है। वह राजा से पूछता है "राजन! आप कैसे हैं? आपका स्वास्थ्य कैसा है?"

राजा कहते हैं–मेरा स्वास्थ्य तो काफी नाजुक है। वैद्यों ने मुझसे

कहा है कि मेरा अंतिम समय अब निकट आ गया है। अब तो मुझे बहुत लम्बी यात्रा पर जाना है।

मसखरा राजा से पूछता है—राजन, कितनी लम्बी यात्रा पर आपको जाना है?

राजा कहते हैं—बहुत लंबी यात्रा पर जाना है।

मसखरा राजा से पूछता है—राजन, क्या आपको पहले से ही मालूम था कि आपको इतनी लंबी यात्रा पर जाना है?

राजा कहते हैं—हाँ। यह बात मैं जानता था। हर एक इन्सान यह जानता है कि एक-न-एक दिन उसे इस संसार से जाना है।

आगे मसखरा राजा से कहता है, क्या फिर आपने उस लंबी यात्रा के लिए कोई तैयारी की है या नहीं?

राजा कहते हैं—नहीं, मैंने तो कोई तैयारी नहीं की है।

उस समय मसखरा अपनी जेब से वह पंखा निकालता है, जो कई साल पहले राजा ने मसखरे को दिया था।

मसखरा राजा से कहता है, "राजन। क्या आपको याद है, आपने मुझे यह पंखा कई साल पहले दिया था और कहा था कि यह पंखा मैं उसे दूँ, जो मुझसे अधिक मूर्ख हो। अब यह पंखा मैं आपको दे रहा हूँ क्योंकि आपको इस बात का अच्छी तरह ज्ञान था कि आपको लंबी यात्रा पर जाना है, इसके बावजूद भी आपने कुछ तैयारी नहीं की है। राजन! इससे बड़ी मूर्खता और क्या हो सकती है? इसलिये यह पंखा मैं आपको दे रहा हूँ।"

मेरे प्रियजनों! हमारी हालत भी ऐसी ही है। आप स्वयं से प्रश्न कीजिये कि हमने कुछ तैयारी की है या नहीं? कुछ तैयारी कर रहें हैं या नहीं? हम हर रोज़ यह सुनते हैं कि आज यह परलोक सिधार गया, आज वह परलोक सिधार गया, लेकिन हम कभी भी इस बात का

विचार नहीं करते कि एक दिन हमें भी इस संसार से विदा लेनी है। हमें भी यह संसार छोड़कर आगे की यात्रा पर जाना है। हम समझते हैं कि हमें सदा के लिये इस संसार में रहना है।

मेरे प्यारे भाइयो और बहनो, एक-एक को यह संसार छोड़कर आगे चलना है। ऐसा हमें बताया जाता है कि पुरुष, महिलाएँ और बच्चे लगभग छ: लाख लोग हर रोज़ इस संसार से विदा लेते हैं। एक दिन हमारी बारी भी अवश्य आयेगी। फिर हमने कुछ तैयारी की है या नहीं? तैयारी कर रहे हैं या नहीं?

एक आदमी तैयार होकर ऑफिस जाने वाला था। जाने से पहले अपनी पत्नी से कहता है, मुझे एक प्याला चाय का दो। पत्नी रसोई घर में चाय बनाने जाती है। पति कुर्सी पर बैठकर चाय का इंतजार करता है। जैसे ही पत्नी चाय बनाकर लाती है, तो क्या देखती है कि उसके पति की गर्दन एक तरफ लुढ़क गयी थी। उसके पति का स्वर्गवास हो गया था।

मेरे प्यारे भाइयो और बहनो! हमारा शरीर एक मटकी की तरह है, जिसमें लाखों, करोड़ों श्वास पड़े हैं। एक-एक श्वास मटकी से निकलता जा रहा है। जो श्वास मैंने अंदर लिया है, उसे बाहर ज़रूर निकालूँगा। लेकिन दूसरा श्वास ले पाऊँगा या नहीं, इस बात का कोई भरोसा नहीं है। गुरुदेव साधु वासवानीजी कहते थे:

यह संसार एक ज्वालामुखी है। सारा समय फट रहा है। इसके लावा की ज्वाला कब किसको जला दे, इसका कोई भरोसा नहीं। इससे कोई नहीं बच सकता।

फिर हमने तैयारी की है या नहीं? हम कई काम कर रहे हैं। हम अपने फर्ज़ पालन करते हैं। हम घूमते हैं, फिरते हैं, मज़े करते हैं, खाते हैं, पीते हैं, नाचते हैं, सब कुछ करते हैं, लेकिन हमने उस लंबी यात्रा के लिए कुछ तैयारी की है या नहीं? तैयारी कर रहे हैं या नहीं?

फ्रांस के राजा का एक सलाहकार था, जिसका नाम था Mazarin। वह अपने राजा के संदेश अलग-अलग देशों में ले जाता था। Mazarin को पुराने ढ़ंग की चीज़ों, जिसे अंग्रेज़ी में antiques कहते हैं, उनसे बहुत प्यार था। जब वह अलग-अलग देशों में जाकर अपना काम करता था, काम खत्म करने के बाद, वह उस शहर में घूमने निकलता और जहाँ भी उसे पुरानी सुंदर चीजें नज़र आती थीं, वह उन्हें खरीद लेता था। इस तरह उसने कितनी ही पुरानी चीजें इकट्ठी कर ली थीं। उसका घर एक संग्रहालय बन गया था।

एक दिन Mazarin बीमार पड़ता है। डॉक्टर कहते हैं, अब इसके बचने की उम्मीद नहीं है। डॉक्टर उसे कहते हैं, अब तुम आराम करो। बिस्तर से मत उठना। बिस्तर से उठोगे, तो कहीं ऐसा ना हो कि तुम गिर जाओ। लेकिन Mazarin को पुरानी चीजों से बहुत प्यार था। वह मन ही मन सोचता है, मैंने इतनी मेहनत से ये antiques संभालकर रखे हैं। मुझे मौत कभी भी आ सकती है। वह स्वयं को रोक नहीं पाया और antiques को देखने के लिए लकड़ी की सहायता से, आहिस्ता-आहिस्ता चलकर वह उस हॉल में आता है, जहाँ पर उसने उन चीज़ों का संग्रहालय बनाकर रखा था। वह उन चीज़ों की तरफ देखता है, उसकी आँखों से आँसू बह निकलते हैं। वह स्वयं से कहता है, मैं अपने साथ इनमें से एक भी चीज़ नहीं ले जा सकूँगा। मैंने इतनी सारी चीजें इकट्ठी की हैं। इन सबका अब क्या फायदा?

मेरे प्रियजनों! हम अपने साथ कुछ भी नहीं ले जा सकेंगे। हमने जो लाखों, करोड़ों रुपये कमाये हैं, सब कुछ यहीं छोड़ जायेंगे।

हम जब इस संसार में आये थे, तो खाली हाथ आये थे और जब इस संसार से जाते हैं, तो अपने हाथ भी यहीं छोड़ जाते हैं। जो हमारे साथ चलता है, वह है प्रभु का नाम। इसलिये प्रभु की शरण में जायें और उनसे प्रार्थना करें, "हरि! मैं जैसो तैसो तेरो, मैं जैसो तैसो तेरो! हे हरि, मैं जैसा भी हूँ, एक तेरा ही हूँ। प्रभु, मुझे तुम कभी भी मत

छोड़ना। मैं तुम्हारी शरण में हूँ।"

हर रोज़ थोड़ा समय बचाकर प्रभु से हम यह सरल प्रार्थना करें। प्रभु हमसे दूर नहीं हैं। प्रभु हमारे बहुत नज़दीक हैं, हमारे हाथों और पैरों से अधिक नज़दीक हैं। यहाँ तक कि प्रभु तो हमारी सांसों से भी नज़दीक हैं। अब प्रश्न यह उठता है कि इस अंतिम यात्रा के लिए हमें कौन सी तैयारी करनी चाहिए?

सबसे पहली तैयारी यह है, हम प्रभु के किसी भी नाम का उच्चारण करें। जो भी नाम आपको अच्छा लगे, जो भी नाम आपके हृदय को भाये। कृष्ण, राम, ओम, सतनाम, वाहेगुरु, Jesus, अल्लाह, अहरमस्त, ओम मणि पद्मी। हम कोई भी नाम लेकर बार-बार उस नाम को मन ही मन उच्चारते रहें।

एक बहुत बड़ा डॉक्टर था। उसने कहा, "मुझे तो इतना काम होता है, जो सिर खुजाने का भी समय नहीं मिलता, तो फिर मैं प्रभु का नाम कैसे उच्चारूँ?"

उस डॉक्टर से कहा गया कि जब तुम अपने दवाखाने जाते हो, तो कैसे जाते हो?

डॉक्टर ने कहा, मैं अपनी कार में जाता हूँ।

तब उससे कहा गया, कार चलाते वक्त तुम्हारा मन यहाँ-वहाँ भटकता होगा, उस समय तुम प्रभु का नाम उच्चारा करो। इस तरह तुम्हारा मन भी नहीं भटकेगा।

मेरे प्यारे भाइयो और बहनो! प्रभु के किसी भी नाम का स्मरण करें। ऐसा करने से हमारे चित्त में शांति आ जायेगी। हर एक इन्सान को कुछ-न-कुछ समय मिलता है, जब वह प्रभु का ध्यान कर सकता है। सुबह उठते ही थोड़ा समय एकांत में बैठा जा सकता है या फिर तैयार होने के समय या फिर हम बस या रेलगाड़ी मे सफर कर रहे हों, तो उस समय भी हम प्रभु के किसी भी नाम का ध्यान कर सकते हैं। ऐसा

करने से हमारे मन की चंचलता कम होने लगेगी। प्रभु के नाम को उच्चारने का अभ्यास करो। श्वास अंदर लो, तो नाम उच्चारो: ओम... .... श्वास बाहर निकालो, तो उच्चारो राम.........ॐऽऽऽ राम ऽऽऽऽ ॐ ऽऽऽ राम ऽऽ

देखिए! ऐसा करने से कितना आनन्द मिलता है। शुरू-शुरू में हमारा मन भटकेगा। मन को जन्म-जन्म से भटकने की आदत पड़ गयी है। मन अपनी आदत नहीं छोड़ता, तो फिर हम अपनी आदत क्यों छोड़ें? हमें नाम जपने की आदत डालनी है। हमारे जीवन का अंतिम श्वास अगर प्रभु के नाम से भरा होगा, तो हमें उस समय प्रभु के फरिश्ते लेने आयेंगे।

यदि हमारा अंतिम श्वास नाम से वंचित रहा, तो हमारी मौत इस प्रकार होगी, जिस प्रकार कोई कुत्ता, रास्ते पर चलते हुए किसी मोटर गाड़ी के नीचे आकर मर जाता है और वहीं पड़ा रहता है, कोई भी उसकी तरफ ध्यान नहीं देता। इसलिए प्रभु के नाम का अभ्यास करना बहुत ज़रूरी है। आपको अगर एक मिनट मिले, आधा मिनट मिले, तब भी आप प्रभु के नाम का ध्यान कीजिये।

दूसरी तैयारी है, रोज़ थोड़े समय के लिए, पाँच मिनट, दस मिनट या पंद्रह मिनट, एकांत में बैठने का अभ्यास करें। आहिस्ता-आहिस्ता समय को बढ़ाते जायें। एकांत में बैठकर प्रभु के साथ कोई न कोई नाता जोड़ें। प्रभु के जिस रूप का हम ध्यान करेंगे, वे उसी रूप में हमारे सम्मुख आयेंगे।

प्रभु कई रूप लेकर, इस पृथ्वी पर पधारे हैं। कृष्ण के रूप में, राम के रूप में, Baha 'u' ll, Zoroaster, Jesus. आप को जो भी रूप आकर्षित करे, उस रूप का ध्यान करें, प्रभु, तुम हमारी माता हो। माता के रूप में ज्यादा अपनापन होता है। प्रभु हमारे पिता, हमारे भाई, हमारे मित्र बनने के लिये भी तैयार हैं। प्रभु हमारे महबूब बनने के लिये भी

तैयार हैं। प्रभु से कोई न कोई नाता ज़रूर जोड़ें। यह नाता अंतकाल में बहुत काम आता है।

उस यात्रा के लिए तीसरी तैयारी है, जैसे-जैसे हम प्रभु के साथ नाता जोड़ते हैं और उनके नाम का स्मरण करते हैं, तो हमें अहसास होने लगता है कि जो कुछ भी होता है, वह प्रभु की आज्ञा के अनुसार ही होता है और उसी में ही हमारा भला है।

ज़िंदगी में हमें कितने ही कड़वे अनुभव होते हैं, लेकिन हमें दिल में यह विश्वास रखना चाहिये कि चाहे वह कड़वा अनुभव हो या मीठा, हमें खुशी से स्वीकार करना चाहिये।

"जा तुद भावै साई भली कार, तू सदा सलामत निरंकार!"

चौथी तैयारी है, किसी की भी आलोचना न करें। कभी किसी की निंदा न करें। देखिये! अकसर जब दो लोग आपस में मिलते हैं, तो किसी न किसी की निंदा करते हैं। हमें किसी की आलोचना नहीं करनी चाहिये। याद रखो कि जब भी आप किसी की आलोचना करते हैं, तो उसके अवगुण अपने ऊपर लेते हैं और अपने गुण उसे देते हैं।

एक सूफी कवि थे, जिनका नाम था सादी। वे कहते थे, मैं कभी किसी के अवगुण नहीं देखूँगा। मैं किसी की भी निंदा या आलोचना नहीं करूँगा। यदि मुझे कभी, किसी की आलोचना करनी ही पड़े, तो मैं अपनी माँ की आलोचना करूँगा क्योंकि घर का खज़ाना घर में ही रहेगा।

प्रियजनों आप यह बात गांठ बांध लें कि अगर आप किसी की आलोचना कर रहे हैं, तो आप अपनी आत्मिक संपत्ति उसे दान कर रहे हैं। आपका खज़ाना खाली हो रहा है और वह व्यक्ति मालामाल हो रहा है।

पहली बात–प्रभु के नाम का स्मरण करें।

दूसरी बात–ईश्वर से कोई निकटतम नाता जोड़ें।

तीसरी बात—कभी किसी की आलोचना न करें।

चौथी बात याद रखो, तुम जितनी सेवा कर सको, जितनों की मदद कर सको, करते रहो। जो दिन बिना किसी की सेवा के बीता वह दिन मानो व्यर्थ गया। हमें एक दूसरे की मदद करनी चाहिए।

एक बार, एक आदमी गुरुदेव साधु वासवानीजी के पास आया और कहा, "आज का दिन मेरे लिए बहुत भाग्यशाली साबित हुआ है क्योंकि आज के दिन मैंने तीन लाख रुपये कमाये हैं।" उन दिनों के तीन लाख रुपये शायद आज के तीन करोड़ के बराबर होंगे।

साधु वासवानीजी ने उस आदमी से पूछा क्या आज तुमने किसी प्यासे को पानी पिलाया? किसी भूखे को रोटी का टुकड़ा दिया? किसी नंगे को वस्त्र दिये? क्या, तुमने किसी दुःखी दिल को धीरज दिया?

उस आदमी ने उत्तर दिया—ऐसा मैंने कुछ नहीं किया।

साधु वासवानी जी ने जवाब दिया—फिर तुम ने आज का दिन व्यर्थ ही गँवा दिया। अभी-अभी तुमने कहा कि आज का दिन तुम्हारे लिए भाग्यशाली रहा। लेकिन आज का दिन तुम्हारा व्यर्थ हो गया।

मेरे प्रियजनों, हमने इस तरह कई दिन व्यर्थ गँवा दिये हैं बाकी बचे हुये इस जीवन के दिन व्यर्थ न गँवायें और उस अंतिम यात्रा के लिए रोज़-रोज़ तैयारी करें। प्रभु के नाम का स्मरण करें। कुछ समय एकांत में बैठकर ध्यान करें। प्रभु की हर करनी को स्वीकार करें। किसी की आलोचना न करें, दूसरों की सेवा करें, और अपना जीवन सफल करें।

ॐ शांति! शांति! शांति!

10
आत्म-निर्भर बनो

मेरे प्यारे भाइयो और बहनो, आप सबको मेरा हार्दिक प्रणाम! मुझे याद है—गुरुदेव साधु वासवानीजी अक्सर एक बालक का ज़िक्र करते थे, जो रोज़ रात को सोने से पहले यह प्रार्थना करता था, "भगवान! मुझ पर कृपा करना।" हमें भी चाहिये कि हम अपने बच्चों को प्रार्थना करना सिखायें। बचपन से ही उन्हें प्रभु से नाता जोड़ने की शिक्षा दें। यदि प्रभु की परम शक्ति हमारे साथ है, तो हम जीवन के हर संघर्ष का सामना बड़ी आसानी से कर सकते हैं। यह शक्ति हमारे भीतर जन्म से ही मौजूद है, केवल उसे उजागर करने की ज़रूरत है। उस शक्ति को हम प्रार्थना द्वारा उजागर कर सकते हैं। ऋषियों ने हमें सिखाया है कि हर एक इंसान के अंदर न जाने कितनी शक्तियाँ छुपी हैं। अगर वही शक्तियाँ उजागर हों, तो क्या है जो हम नहीं कर सकते? अपनी शक्तियों को उजागर करो और आत्म-निर्भर बनो। आत्म-निर्भरता क्या है? आइये उसे जानने की कोशिश करें।

एक व्यक्ति कहता था, मेरे तीन मित्र हैं।

1. पहला मित्र वह है, जो मुझे प्यार करता है।

2. दूसरा मित्र वह, जो मेरी आलोचना करता है।

3. तीसरा मित्र वह, जो मुझ पर बिलकुल ही ध्यान नहीं देता।

तभी उससे पूछा गया कि तुम उन्हें अपना मित्र क्यों कहते हो?

इस पर उसने कहा कि मैंने इन तीनों से हमेशा कुछ न कुछ सीखा है। जो मुझे प्यार करता है, वह यह सिखाता है कि मैं दया भाव में आगे बढ़ूँ और लोगों को प्यार करूँ। जो मित्र मेरी आलोचना करता है, वह मुझे सावधान रहना सिखाता है, ताकि मैं ऐसा कोई भी काम न करूँ, जिससे लोग मेरी निन्दा करें। जो मित्र मुझ पर बिलकुल ध्यान नहीं देता, वह मुझे सब से बड़ी बात सिखाता है कि मैं आत्म-निर्भर बनूँ, मैं किसी और पर निर्भर न रहूँ।

बँटवारे के समय जब लोग अपने खेत खलिहान, ज़मीन जायदाद, घर, पैसे, व्यापार सब कुछ छोड़कर भारत आये तो गुरुदेव साधु वासवानीजी रिफ्यूजी कैम्प में लोगों से मिलने जाते थे। उन्हें लोग मीटिंग में बुलाते थे, साधु वासवानीजी हर मीटिंग में यही शिक्षा देते थे कि सरकार से भीख मत माँगो, आत्म-निर्भर बनो। आप अपने अन्दर छुपी शक्तियाँ को उजागर करो। यह घड़ी हमारे इम्तिहान की घड़ी है। इसका हमें डटकर सामना करना है।

महान् कवि रविन्द्रनाथ टैगोर ने एक बार कहा कि अगर आप भीख माँगते हैं तो आपको क्या मिलता है। बहुत कम, यदि आप आत्म-निर्भर बनते हैं तो आप को अपनी उम्मीद से बहुत ज़्यादा मिल जाता है।

एक बार मुहम्मद साहब के पास एक आदमी आता है, कहता है, मैंने तीन दिनों से कुछ नहीं खाया है। मुझे रोटी का एक टुकड़ा दे दो, ताकि मैं अपने बीवी-बच्चों का पेट भर सकूँ। मुहम्मद साहब के दिल में सभी के लिये दया और प्यार था। वह उस आदमी से कहते हैं, मैं तुम्हें रोटी नहीं दूँगा। मैं तुम्हें एक कुल्हाड़ी देता हूँ। तुम कुल्हाड़ी लेकर जंगल में जाओ, पेड़ काटो और लकड़ियाँ बेचकर अपने परिवार का पालन पोषण करो। तुम पर खुदा की रहमत बनी रहे। तुम भीख माँगना छोड़ो, आत्म-निर्भर बनो और वह आदमी ऐसा ही करता है। जंगल में जाकर लकड़ियाँ काटकर शहर में बेचता है, जिससे वह काफी अमीर

बन जाता है। आत्म-निर्भर बनना सीखो, आत्म-निर्भर बनो।

महाभारत में एक जमींदार के बारे में बताया गया है। उसके पास एक खेत था और पास ही एक तालाब था, जहाँ से पानी खेत में आता था। उस तालाब में मछलियाँ रहती थीं। वे मछलियाँ खेत में आ गयीं क्योंकि खेत अब तालाब बन चुका था। जमींदार के तीन बेटे थे। जमींदार अपने छोटे बेटे से कहता है कि खेत से पानी निकलवा दो, ताकि कुछ बीज बो सकें। ऐसा बताया जाता है कि मछलियों ने यह बात सुन ली। उन्होंने अपने लीडर को सारी बात बतायी, अब हमें यह तालाब छोड़ना होगा, नहीं तो ये लोग हमें मार डालेंगे। तब उनका लीडर कहता है कि तुम चिंता मत करो, यह जमींदार का बेटा बड़ा ही सुस्त है। तुम अपने आनंद में रहो।

अगले दिन जमींदार खेत पर आता है, देखता है कि खेत वैसे का वैसा ही है। तभी वह अपने दूसरे बेटे को बुलाकर खेत से पानी निकालने को कहता है, ताकि बीज बोये जा सकें। फिर मछलियाँ अपने लीडर के पास जाती हैं। लीडर फिर वही बात कहता है। यह भाई पहले वाले से भी ज्यादा सुस्त है। तुम जाओ और आराम से रहो। तीसरे दिन फिर वह जमींदार खेत पर आता है, देखता है कि अभी तक सफाई नहीं हुई है। फिर वह जमींदार अपने सबसे बड़े बेटे से खेत खाली करवाने को कहता है। मछलियाँ फिर अपने लीडर के पास आती हैं। लीडर कहता है यह अपने दोनों भाइयो से भी ज्यादा सुस्त है, इसलिये तुम चिंता मत करो आनंद से रहो।

चौथे दिन जमींदार खेत पर जाता है, क्या देखता है कि खेत वैसे का वैसा ही है। वह अपने बेटों से कहता है, तुमसे यह काम नहीं हो सका। अब मैं स्वयं इस खेत की सफाई करूँगा। जब मछलियाँ यह बात अपने लीडर को बताती हैं, तो उनका लीडर कहता है कि अब हमें यह तालाब छोड़कर कहीं और चले जाना चाहिये और वे सब चली जाती हैं। एक कहावत है, "अपनी घोट तो नशा होइ।" जो भांग घोटता है, उसे

भांग पीने वाले से ज्यादा नशा होता है। आत्म-निर्भर बनो, आत्म-निर्भर बनो!

जब नेपोलियन अपनी सेना लेकर ऑस्ट्रिया पर चढ़ाई करने गया, तो रास्ते में एक पुल आया। ऑस्ट्रिया की सेना पुल के उस पार खड़ी थी। बंदूकें चलने लगीं। नेपोलियन की सेना घबरा गई। सैनिक कहते हैं कि हम इस तंग पुल से चलकर कैसे उस पार जायें। नेपोलियन ने देखा कि मेरे सैनिक घबरा रहे हैं। एकाएक वह अपने एक सिपाही के हाथ से झंडा छीनकर पुल की तरफ दौड़ता है और ज़ोर-ज़ोर से कहता है– "आओ -आओ अपने सेनापति को बचाओ, अपने सेनापति को बचाओ।" एकाएक सिपाहियों में जोश आ जाता है और वे लोग पुल पार करके आस्ट्रिया पर जीत हासिल करते हैं।

कई बार, आप अपने नौकरों से कहते हैं कि यह काम कर दो, वह काम कर दो, यहाँ जाला है, उन्हें साफ कर दो। अगले दिन आप देखेंगे कि जाले पहले दिन से भी बड़े हो गये हैं। जब तक आपने अपने हाथ में झाड़ू, डस्टर नहीं लिया है, तब तक सफाई नहीं होगी। इसलिये तो कहते हैं–अपनी घोट तो नशा होइ। आत्म-निर्भरता का यह सबक हम सब को सीखना चाहिये। हम सब का यह फर्ज़ है कि यही सबक हम अपने बच्चों को भी सिखायें। जूते कहाँ रखने चाहिये? जूते कैसे पॉलिश करने चाहिये, कपड़े समेटकर कहाँ रखने हैं? ऐसे कई काम आपको अपने बच्चों को बचपन से ही सिखाने चाहिये। कई अमीर लोग कहते हैं कि हमारे बच्चे यह काम क्यों करें, काम करने के लिये नौकर जो हैं। पर हमें ऐसा नहीं करना चाहिये। ऐसा करके हम खुद अपने बच्चों को बिगाड़ रहे हैं। ऐसे माहौल में बच्चों का सही विकास नहीं होता। वे आत्म-निर्भर नहीं बन सकते। हमें उन्हें आत्म-निर्भर बनाना है।

मुझे अपने बचपन की एक बात याद है। मेरे पूज्य पिताजी कहते थे, जितना हो सके अपना काम अपने हाथों से करो। एक दिन की बात है, मैं स्कूल से थककर आया था और मैंने घर के नौकर से पानी लाने

को कहा, अक्सर बच्चे ऐसा करते हैं। शायद संगत का असर था। मेरे पिताजी ने यह बात सुन ली। वे मेरे पास आये और पूछने लगे, क्या तुम्हारे हाथ या पाँव में कहीं चोट लगी है? तुम्हारे हाथ पैर तो ठीक हैं ना? चल फिर तो सकते हो या नहीं? मैंने कहा पिताजी मैं बिलकुल ठीक हूँ। इस पर मेरे पिताजी ने कहा–तुम्हारे हाथ, पैर सही सलामत हैं, फिर भी तुम अपने लिये पानी नहीं भर सकते। तुम्हें पानी लाने के लिये भी नौकर चाहिये? मेरा सिर शर्म से झुक गया। उस दिन से लेकर आज तक मैं अपने काम, अपने हाथों से करना पसंद करता हूँ।

कई माताओं को अच्छा लगता है कि उनके बच्चे उन पर निर्भर हैं। मैं एक आदमी के घर गया। उस परिवार में तीन सदस्य थे। एक आदमी, उसकी पत्नी, और उस का बेटा। बेटा सत्रह अठारह साल का था। रोने लगा, पूछा गया कि तुम क्यों रो रहे हो, तो कहने लगा, मेरी माँ ने मुझे अभी तक मोजे नहीं पहनाये हैं। मैंने उस महिला की तरफ देखा। वह बड़े गर्व से कहने लगी, यह दोनों बाप-बेटे मुझ पर निर्भर हैं। मैं हैरान हो गया कि इसमें खुश होने वाली कौन-सी बात है? अरे! तुमने उन दोनों को अपाहिज बना दिया है। उसमें गर्व की क्या बात है?

बचपन से ही अपने बच्चों को अपना काम खुद करने की आदत डालें। उन्हें आत्म-निर्भर बनना सिखाओ। कोयम्बटूर में एक इंस्टीट्यूट है, जिसका नाम G.D. Naidu Institute of Technology है, जिसकी दीवारों पर बड़े-बड़े शब्दों में लिखा है कि, अठारह साल के बालक को अपने माता-पिता पर निर्भर रहना पाप है। उसे खुद अपने पैरों पर खड़ा होना चाहिये। बचपन से ही बच्चों को आत्म-निर्भर बनना सिखाओ।

मेरे प्रियजनों, आत्म-निर्भर होना क्या है? आइये इसे थोड़ा समझने की कोशिश करें। हमारे अंदर दो प्रकार के मन हैं। एक वह जिसे हम सब पहचानते हैं, जो काम, क्रोध, लोभ, मोह, अहंकार, वासनाओं, इच्छाओं, तृष्णाओं, ईर्ष्याओं से बना हुआ है, जिसे नफस भी कहते हैं।

हमारे अंदर एक और मन है, जो सच्चा, पवित्र और विशाल है।

श्रीकृष्ण अर्जुन से कहते हैं, हे अर्जुन! मैं हर एक इंसान के हृदय में विराजमान हूँ। हमारे हृदय में प्रभु स्वयं निवास करते हैं। एक ही हमारा सच्चा मित्र है। पर इस वक्त हम उसे पहचान नहीं पा रहे हैं। इसीलिये तो कहते हैं, आप स्वयं को पहचानो। जब आप अपने अहंकार को हटाओगे तो देखोगे कि वास्तव में आप कौन हैं? आप क्या हैं?

एक महान गायक और संगीतकार थे, जिनका नाम था Cruso, जिसे लोग एक चमत्कार मानते थे, जैसे वह अपना गाना शुरू करता था, उसके सामने रखे हुए गिलास के टुकड़े-टुकड़े हो जाते थे।

किन्तु शुरू में ऐसा नहीं था, कहते हैं जब उसने पहली बार अपना संगीत पेश किया, तब लोग इतने निराश हो गये कि लाठियाँ लेकर उसके पीछे भागे और शहर से निकाल दिया। किन्तु Cruso ने हार नहीं मानी। उन्होंने अपनी आत्म-शक्ति उजागर की, उनकी सफलता का राज़ यही था। यदि आप भी अपने जीवन को सफल बनाना चाहते हैं, तो अपनी अंतर शक्ति को उजागर करें।

जब हम प्रभु पर निर्भर करने लगते हैं, स्वयं को पूर्ण रूप से प्रभु के हवाले कर देते हैं, फिर संसार की हर चीज़ को पाना हमारे लिये मुमकिन हो जाता है। इंसान, गर भगवान से मिल जाये, तो वह कौन सी उलझन है, जिसे प्रभु सुलझा नहीं सकता? वह कौन सी बात है, जिसका सामना हम नहीं कर सकते?

मेरे प्यारे भाइयो और बहनो, आप भी अपने आपको पहचानो, और अपनी सोई हुई शक्तियों को जागृत करो। यही है सही मायने में आत्म-निर्भर होना।

भागवत् पुराण में एक रोचक कथा है। एक राजा था। उसके पास एक पण्डित रोज़ भागवत की कथा पढ़ने आता था। जैसे ही एक स्कन्द पूरा होता, वह पण्डित उसका महात्म भी पढ़ता था। महात्म में बताया

गया था कि जो भी इंसान इस भागवत का पाठ करेगा, या सुनेगा, उसे आत्मा का साक्षात्कार होगा और वह मुक्ति पद प्राप्त होगा।

जब भागवत् की कथा पूरी हुई, तब राजा ने पण्डित से पूछा, कि पण्डितजी मुझे बताइये कि मुझे आत्मा का साक्षात्कार हुआ है या नहीं? मैंने मुक्ति प्राप्त की है या नहीं? इस पर पण्डित कहता है, ये तो आप ही बता सकते हैं। इस पर राजा कहते हैं कि मैंने तो मुक्ति पद प्राप्त नहीं किया है। इतने दिनों से रोज़ शाम को मैं तुम्हें सुन रहा हूँ। हर बार स्कंद पूरे होने पर तुम कहते हो कि जो भी इंसान इस भागवत का पाठ करेगा या सुनेगा, उसे आत्मा का साक्षात्कार होगा, वह मुक्ति पद प्राप्त होगा। तुमने यह साबित नहीं किया है कि जो तुमने कहा वह सब सत्य है। तुम्हें एक सप्ताह के अंदर यह साबित करना होगा, नहीं तो मैं तुम्हें फाँसी की सज़ा दूँगा।

बेचारा पण्डित सोचता था कि राजा कथा सुनकर प्रसन्न होंगे और मुझे इनाम देंगे। पर यह कैसा इनाम? यह तो मुझे फाँसी पर चढ़ाने की बात कह रहे हैं। उदास मन से पण्डित घर लौटता है। छह दिन ऐसे ही बीत जाते हैं। सोचता है कल आखिरी दिन है। अब तो राजा मुझे फाँसी पर चढ़ा देगा। वह रोने लगा। तभी उसकी सात साल की बेटी पण्डित से कहती है, बाबा आप क्यों रो रहे हैं, आप को क्या तकलीफ़ है? पण्डित अपनी बेटी को सारी बात बताता है। उसकी बेटी कहती है कि पिताजी बस इतनी सी बात है? आप रोइये मत। आप कल मुझे राजा के दरबार में ले चलना। आप की तरफ से मैं उनको जवाब दूँगी।

अगले दिन लड़की राजा के दरबार में आती है, वहाँ एक विशाल खंभा था, जिसे वह ज़ोर से पकड़ लेती है और ज़ोर-ज़ोर से चिल्लाने लगती है: मुझे छुड़ाओ, मुझे छुड़ाओ, मुझे इस खंभे ने पकड़ लिया है। राजा यह सब देखता है और कहता है, यह मूर्ख लड़की कौन है? कौन इसे दरबार में लाया है? यह पागल लड़की खुद खंभे को पकड़कर खड़ी है और हमसे छुड़ाने को कहती है। राजा लड़की से कहता है, अरे

मूर्ख लड़की, तू इस खंभे को छोड़। लड़की और ज़ोर-ज़ोर से चिल्लाने लगती है। अरे! कोई मुझे इस खंभे से छुड़ाओ। मैं अपना घर छोड़कर यहाँ क्यों आयी? मुझे यह खंभा पकड़कर खड़ा है। कोई रहम करो, मुझे इस खंभे से छुड़ाओ। राजा को गुस्सा आता है कि यह लड़की दरबार में आकर कौन-सा खेल, खेल रही है?

तब लड़की राजा से कहती है, आप भी तो ऐसा ही कर रहे हैं। अहम का खंभा आप स्वयं पकड़ कर खड़े हैं और दोष मेरे पिताजी को दे रहे हैं कि आपको मुक्ति पद प्राप्त नहीं हुआ। आप स्वयं इस अहं रूपी खंभे को छोड़िये, तो आपको मुक्ति पद प्राप्त हो।

मेरे प्यारे भाइयो और बहनो, एक बात याद रखिये, मुक्ति पद कोई तोहफ़ा नहीं है, जो कोई हमें भेंट करे। इसे हमें खुद प्राप्त करना है। गुरु, शास्त्र, पुस्तक हमारा मार्ग-दर्शन तो कर सकते हैं, किन्तु इस राह पर चलना तो हमें स्वयं ही पड़ेगा। मान लो आपको बख़्शीश के तौर पर मुक्ति पद मिल भी जाये तो जो बख्शीश देता है, वह वापस ले भी सकता है। यदि आप स्वयं मुक्ति पद प्राप्त करेंगे, तो वह आपसे कोई छीन नहीं सकता।

एक दरवेश था। बचपन में गरीबी के कारण दिन को उसे काम करना पड़ता था और रात में वह अपनी पढ़ाई करता था। उसकी यह इच्छा थी कि वह ऊँची शिक्षा हासिल करे। रात को वह लालटेन की रोशनी में बैठकर पढ़ता था। एक दिन वह काम से लौटता है तो क्या देखता है कि लालटेन में तेल नहीं है। जब उसे कहीं से तेल नहीं मिलता, तो वह उस दुःख में सो जाता है कि आज की रात मेरी व्यर्थ गयी, तेल लालटेन में है ही नहीं, सो मैं पढ़ूँगा कैसे।

उस रात नींद में वह एक सपना देखता है, सपने में हज़रत मुहम्मद उसके पास आते हैं और कहते हैं, "मेरे बच्चे, तू मायूस, उदास क्यों होता है। तू सिर्फ अपना मुँह खोल, मैं अपनी थूक द्वारा तुम्हें संसार का सारा ज्ञान देता हूँ। तभी यह बालक सपने में हज़रत मुहम्मद से कहता

है, मुझे आप की थूक नहीं, सिर्फ लालटेन जलाने के लिये तेल चाहिये, जिससे मैं पढ़ सकूँ। मैं अपनी मेहनत से शिक्षा प्राप्त करना चाहता हूँ। मुझे इस तरीके से विद्या नहीं चाहिये।

मेरे प्यारे भाइयो और बहनो, हर युग में संतों दरवेशों ने यही शिक्षा दी है कि आत्म-निर्भर बनो और अपना मानव जन्म सफल करो।

ॐ शांति! शांति! शांति!

11

"इश्क मिजाज़ी इश्क हक़ीकी"

मेरे प्यारे भाइयो और बहनो, आप सबको मेरा हार्दिक प्रणाम! विश्व के सभी संतों, सत्पुरुषों और महात्माओं, चाहे वे किसी भी कौम के हों या फिर किसी भी मुल्क के हों, सभी ने समस्त मानव जाति को एक ही संदेश दिया है, "हे इन्सान! जब तू इस पृथ्वी से विदा होगा, तो तेरे साथ एक ही खज़ाना जायेगा। वह खज़ाना है, इश्क खुदा के वास्ते!" इन शब्दों में

यह इश्क आप के भीतर उठा है या नहीं? इंसान की सबसे बड़ी गलती क्या है? इंसान की सबसे बड़ी भूल है कि जो कुछ उसे दिखायी देता है, ये बंगले, ये बाग-बगीचे, टी.वी., विडियो आदि, वह उन्हें सच समझ बैठा है और जो सच है, हक़ीकत है, उसे झूठ समझता है। हमारी गलती यह है कि हम दृश्य चीजों के पीछे भागते रहते हैं।पर अदृश्य खज़ाने की तरफ हमारा ध्यान ही नहीं जाता।

मेरे प्यारे भाइयो और बहनो, अपने अन्दर इश्क जगाओ। इश्क दो तरह का होता है। एक है इश्क मिजाज़ी, दूसरा है इश्क हक़ीकी, अर्थात सच्चा इश्क। इश्क मिजाज़ी है सांसारिक और इश्क हक़ीकी है, इश्क खुदा से, जो सच्चा होता है। मिजाज़ी इश्क है दुनिया की किसी चीज़, किसी रूप से प्यार करना। मिजाज़ी इश्क का अनुभव सभी को है। कभी न कभी, कहीं न कहीं, आप को किसी से इश्क हुआ ही होगा।

जब मिजाज़ी इश्क होता है, तो प्रभु बचाये। न नींद आती है, न भूख लगती है, न किसी बात में मन लगता है। न किसी बात पर ध्यान जाता है।

इतिहास में कई ऐसी बातें हुई हैं। जैसे माँ का अपने सौतेले बेटे से इश्क होना। मगध देश के राजा अशोक की छोटी रानी तश्यरक्षिता थी, वह बहुत सुंदर थी, बुद्धिमान थी, प्रतिभाशाली थी। राजा वृद्ध अवस्था के थे और रानी जवान थी। राजा को एक बेटा था कुनाल। कुनाल का चेहरा चाँद जैसा सुंदर था। उसकी आँखों में न जाने कौन सा जादू था। मोहिनी आँखें थी, जो देखता था, वह कहता था कि इन आँखों से नज़र न हटाये। सुंदर आँखों के कारण उसका नाम कुनाल रखा था। हिमालय पर्वत पर एक पक्षी पाया जाता है जिसकी आँखें बहुत सुंदर होती हैं। उसे कुनाल कहते हैं। रानी को कुनाल से प्यार हो गया। वह उसे माँ कहकर पुकारता था। रानियों के अपने महल होते थे, राजाओं के अपने। राजा कभी किसी रानी के महल में तो कभी किसी रानी के महल में रहता था। जब नगर का काम करना होता था, तब राजा अपने महल में रहता था।

रानी ने एक दिन कुनाल को संदेशा भेजा कि मैं अपने बगीचे में बैठी हूँ, तुम मुझसे आकर मिलो। कुनाल हुक्म सुनकर तुरंत आता है। रानी ने बड़े प्यार से कुनाल की ओर देखा और कहा, "कुनाल आज मैं तुम से अपने दिल का हाल बयान करती हूँ। मैं सच कहती हूँ, मैं तुम्हारे बिना नहीं रह सकती। मैं चाहती हूँ तुम्हें गले लगाऊँ, मैं तुम्हें अपना सब कुछ मानती हूँ। मेरे नाथ भी तुम्हीं हो।"

जब कुनाल ने ये शब्द सुनें तो स्तब्ध रह गया। उसने कहा, "तुम मेरी माता हो, तुम यह क्या कह रही हो? तुमने जो कहा, वह पाप है। कृपया मुझे इस पाप में मत धकेलो। तुम राजा की पत्नी हो, यह क्या कर रही हो। यह कहकर वह भाग गया। रानी को कुनाल की बात चुभ गयी।

अचानक तक्षशिला में विद्रोह हुआ। पिता ने कहा, "कुनाल तुम तक्षशिला जाओ। वहाँ के लोग तुम्हें बहुत चाहते हैं। तुम्हारे जाने से विद्रोह दब जायेगा।" कुनाल तक्षशिला गया। इस बीच राजा अशोक किसी खतरनाक बीमारी के शिकार हो गये। हकीमों और वैद्यों ने कई दवाइयाँ दीं, किन्तु राजा की हालत बिगड़ती जा रही थी। रानी को औषधियों का अच्छा ज्ञान था। उसने दवा बनाकर राजा अशोक को दी और राजा उस दवाई से बिलकुल स्वस्थ हो गये। राजा अशोक रानी से बड़ा खुश हुआ। जब राजा खुश होता है तो कहता है वर माँगो। राजा ने रानी से कहा, आज तुम कोई वर माँगो। रानी के दिल में कुनाल के लिए नफरत थी। वह मन ही मन बदले की आग में जल रही थी। वह तो मानो मौके की ताक में बैठी थी, जो उसे अब मिला था।

मेरे प्यारे भाइयो और बहनो, मिजाज़ी इश्क, और हक़ीकी इश्क में यही अंतर है। अगर मिजाज़ी इश्क में सफलता नहीं मिलती तो वह प्रेम नफरत में बदल जाता है। किन्तु जिसे हक़ीकी इश्क होता है, उस में व्यक्ति असफल रहने पर भी अपने प्रेमी को और अधिक प्रेम करने लगता है।

रानी राजा से कहती है, मुझे वर दो कि सात दिनों के लिये मैं राज्य करूँ। राजा ने कहा—कौन सी बड़ी बात है? वैसे भी मैं वही करता हूँ, जो तुम कहती हो। देखिये उन सात दिनों में रानी क्या करती है।

रात को राजा सो रहा था, राजा की एक अंगूठी होती है जिस पर राजा की मुहर होती है। वह मुहर जिस कागज़ पर लगायी जाती है, उस कागज़ पर लिखे हर शब्द को राजा का आदेश माना जाता है। रानी ने वह अंगूठी उतारी और तक्षशिला के गर्वनर को हुक्म दिया, "मैं राजा तुम्हें आदेश देता हूँ कि कुनाल मेरा बेटा तुम्हारे पास है। उसकी आँखें निकालकर उसे तक्षशिला से बाहर निकाल दो।"

तब तक तक्षशिला में अमन व शान्ति हो चुकी थी। सब कुनाल को

प्यार करते थे। वे चाहते थे कि कुनाल यहीं रहे। वह लौटकर मगध न जाये। अशोक मगध का राजा था। आदेश पत्र पर राजा की मुहर लगी थी गर्वनर बेबस था। वह चांडालों को बुलाता है और कहता है, "इस की आँखें निकालो, फिर इसे तक्षशिला से बाहर फेंक दो। हम राजा के गुलाम हैं। हमें उनके आदेश का पालन करना ही होगा। चाण्डाल कुनाल की आँखें देखकर कहते हैं, हम यह काम नहीं करेंगे और किसी से कराइये। कुनाल ने देखा चाण्डाल नहीं मान रहे । उसे पता था यह रानी की साजिश है। उसने चाण्डालों से कहा, तुम यह काम करो, मैं तुम्हें इनाम दूँगा। हीरों से जड़ा मुकुट दूँगा । हमें राजा का हुक्म मानना चाहिए। चाण्डाल मजबूरन कुनाल की आँखें निकालता हैं। कुनाल अपने हाथों से एक सोने की डिबिया में दोनों आँखें डालता है और डिबिया बंद करके गर्वनर के अफसर से कहता है, "तुम अपने हाथों से यह डिबिया रानी को देना।"

कुनाल और उसकी धर्मपत्नी कंचनमाला तक्षशिला से निकल पड़े। कुनाल गाने में माहिर था। उसकी आवाज़ में बहुत मिठास थी। उसकी दर्द भरी आवाज़ तीर की तरह दिल को चीर लेती थी। वह एक नगर से दूसरे नगर जाता और लोगों को अपने गीत सुनाता। लोगों के दिल पर जादू सा छा जाता, लोग उसे फकीर समझकर खाना, वस्त्र, पैसे आदि देते थे।

कई साल बीत गये। कुनाल मग्ध आ पहुँचा। वहाँ राजा के घोड़ों के तबेले में आकर ठहरा। आधी रात को करीब तीन बजे राजा अशोक की आँख खुली, तो उसके कानों में सुरीली आवाज़ पड़ी। राजा सोचने लगा: कौन इतनी मीठी आवाज़ में गा रहा है? मैं उसे देखना चाहता हूँ। अपने सेवकों को आदेश देता है कि गाने वाले को मेरे सामने लाया जाये। राजा सोच रहा था कि यह आवाज़ कुनाल की आवाज़ जैसी है। राजा को बताया गया था कि राजद्रोहियों ने कुनाल को मार डाला। किसी को भी पता नहीं था कि वास्तव में कुनाल की आँखें निकाल दी गयी थीं।

जब राजा के सेवक कुनाल को राजा के सामने लाते हैं, तो वह कुनाल से कहता है, "अरे तुम तो मेरे बेटे हो, तुम्हारी आँखें कहाँ गयीं?" जब राजा को सच्चाई का पता चला, तो उसके मन में रानी के लिए इतनी नफरत हो गयी कि उसने हुक्म दिया कि रानी को जिंदा जलाया जाये। जिस रानी को राजा इतना चाहता था, उसी से अब नफरत हो गयी। इश्क मिजाज़ी इस तरह का होता है। वह थोड़े समय चलता है, हमेशा नहीं रहता। जैसे यह संसार नश्वर है, वैसे ही यह इश्क भी नश्वर होता है।

एक राजकुमारी थी। राजा की इकलौती बेटी। राजा ने सोचा किसी लड़के को गोद लूँ। राजा की बहन का एक बहुत सुशील, बुद्धिमान और होशियार बेटा था। राजा ने सोचा उसे गोद लूँ। राजा उसे कानूनी तौर पर अपना बेटा बनाना चाहता था। किन्तु गोद लेने से पहले, राजा ने उसे अपने महल में आकर रहने को कहा। राजा की बेटी और उस लड़के में प्यार हो गया। जब इश्क मिजाज़ी होता है, तो लोगों को पता चल जाता है। राजा ने कहा यह ठीक नहीं है, यह रिश्ता कैसे हो सकता है? अब राजा राजकुमारी पर चौबीस घंटे पहरा देने लगा। रात को राजकुमारी के सोने के बाद कमरे को ताला लगाकर, चाबी अपने पास रखता और सुबह अपने हाथों से ताला खोलता। यहाँ तक कि राजकुमारी नहाने जाती, तो उसका एक हाथ गुसलखाने की खिड़की से पकड़कर बैठता था। दोनों प्रेमियों को अलग कर दिया। किन्तु जुदाई में इश्क और बढ़ता है।

राजकुमारी की एक आया थी। लड़के ने आया को बहलाया फुसलाया, पैसे दिये और कहा राजकुमारी का समाचार देती रहना। एक दिन आया राजकुमारी के बाल संवार रही थी, उसने राजकुमारी से कहा, मैं आपके प्रेमी से मिलती रहती हूँ, कोई संदेश हो तो मैं पहुँचा दूँ। वह हमेशा तुम्हारे बारे में पूछता रहता है। राजकुमारी ने कहा, "इतना कहना बादलों भरी रात, नर्म हाथ, और तेज़ घोड़ा, ये तीन बातें सब कुछ दे

सकती हैं, जो वह चाहता है।" आया कुछ समझी नहीं। वह घोड़े को गधा कह रही थी, किन्तु राजकुमारी ने उसे बहुत अच्छी तरह समझा बुझाकर भेजा।

दो तीन दिनों बाद रात को बादल छा गये। राजा सोच रहा था कि राजकुमारी सो जाये, तो ताला लगाऊँ। राजकुमारी को बादल देखकर नींद ही नहीं आ रही थी। उसे विश्वास था कि उसका प्रेमी जरूर आयेगा। राजकुमारी करवटें बदल रही थी। उसने देखा, राजा अपने कमरे में नहीं जा रहा, तो उसने कहा मुझे बहुत थकान लग रही, मैं नहाना चाहती हूँ। राजकुमारी का प्रेमी वहाँ आया, अपने साथ एक लड़का लेकर आया, जिसका कद राजकुमारी जितना था। उसके हाथ राजकुमारी जैसे नर्म थे। राजकुमारी का एक हाथ राजा के हाथ में था, दूसरा हाथ प्रेमी के हाथ में, जिसने राजकुमारी की चूड़ीयाँ उतारकर उस नर्म हाथ वाले लड़के को पहना दीं। राजकुमारी ने राजा के हाथ से अपना हाथ छुड़ाकर उस लड़के का चूड़ीयों वाला हाथ राजा के हाथ में दे दिया। राजकुमारी और उसका प्रेमी तेज़ घोड़े पर सवार होकर भाग गये।

नहाने के बाद लड़के ने राजकुमारी के कपड़े पहने। राजा ने उसे राजकुमारी समझा, जैसे ही वह बिस्तर पर लेट गया, राजा ने ताला लगा दिया। दूसरे दिन दरवाज़ा खोला, तो देखा कि वह राजकुमारी नहीं थी। वह तो एक देहाती लड़का था। लड़का डर गया। राजा को सारी बात बतायी। राजा ने अपने आदमी दौड़ाये, जब सब लौट आये तो राजा ने दोनों की शादी करा दी। यह इश्क मिजाज़ी बड़ा अजीब होता है।

मेरे प्रियजनों, तुम इस इश्क मिजाजी के चक्र में मत पड़ना। अब देखेंगे इश्क हक़ीकी क्या है? इश्क हकीकी है सच्चा इश्क, प्रभु के लिए इश्क।

अमीर ख़ुसरो का नाम आपने सुना होगा, वह सच्चा आशिक था। मुलतान के नवाब के पास ऊँचे पद पर काम करता था। किसी

बात को लेकर, उसका नवाब से मतभेद हो गया और उसने नवाब से कहा, अब मुझे नौकरी नहीं करनी। अपना सामान ऊँटों पर लादकर दिल्ली के लिए रवाना हुआ। वह हज़रत निज़ामुद्दीन का शिष्य था। उसने सोचा अब अपना जीवन गुरु के चरणों में अर्पण कर दूँ।

इस बीच हज़रत निजामुद्दीन के पास एक गरीब आदमी आया और कहा बेटी की शादी करनी है, मुझे कुछ दो। हज़रत ने कहा, "हम फकीरों के पास कुछ होता नहीं, पर तुम आये हो, तो आज का दिन यहीं ठहरो, मेरे पास जो कुछ भी आयेगा मैं तुम्हें दूँगा।" वह आदमी वहाँ तीन दिन ठहरा, पर हज़रत को कोई कुछ देने नहीं आया। आदमी ने कहा कि तीन दिन व्यर्थ गये। तीन दिन काम करता तो कुछ पैसे कमा लेता। वह हज़रत के पास आया और कहा, "मुझे आपकी दुआ चाहिये। मिला तो कुछ नहीं, अब मैं जाना चाहता हूँ।

हज़रत ने कहा, "मेरी जूती ले जाओ।" उस आदमी ने जूती लेनी नहीं चाही, सोचा जूती लेकर मुझे क्या मिलेगा? जूती से बदबू आ रही है, पर संत को ना नहीं कर सका। कहा, "आप की कृपा है।" कई लोग ऐसे होते हैं, जो संतों से ऐसी बातें करते है, पर उनके अंदर विचार कुछ और होते हैं। संत समझ जाते हैं पर कुछ कहते नहीं।

आदमी ने जूती उठाकर चूमी, मन में सोच रहा था कि यहाँ आकर क्या मिला? यह आदमी जिस रास्ते से जा रहा था, उसी रास्ते से अमीर ख़ुसरो अपने ऊँटों के साथ आ रहा था। अमीर खुसरो को अपने गुरु की जूती से रूहानी सुगंध आयी। सोचने लगा, यह सुगंध कहाँ से आ रही है? जिसे उस आदमी ने बदबू समझा, उसी को ख़ुसरो ने सुगंध महसूस किया। यह आदमी अमीर ख़ुसरो के पास से गुज़र गया। ख़ुसरो समझ गया कि यह आदमी ज़रूर कुछ समय उसके गुरु के पास बिताकर आया है। गुरु की सुगंध अपने साथ लाया है। उस आदमी से पूछाः- तुम कहाँ से आ रहे हो? "मैं हज़रत निजामुद्दीन के यहाँ से आ रहा हूँ। बेटी की शादी के लिए कुछ माँगने गया था। तीन दिन ठहरने के बाद कुछ

नही मिला, सिर्फ यह जूती मिली।" ख़ुसरो ने कहा "अरे! संत की जूती मिली है, यह मुझे दोगे?" आदमी ने कहा क्यों नहीं दूँगा? ख़ुसरो ने पूछा क्या लोगे आदमी ने कहा क्या लूँ, इसका कुछ मूल्य ही नहीं। ख़ुसरो ने कहा, मैं सब कुछ तुम्हें देता हूँ, तुम मुझे जूती दो। ख़ुसरो ने एक ऊँट अपने लिये रखा, एक ऊँट पत्नी और बच्चों के लिये रखा, बाकी सब ऊँट उस आदमी को दे दिये।

ख़ुसरो जब हज़रत निजामुद्दीन के पास पहुँचा, जूती संत के चरणों में रखी, संत ने कहा "यह जूती तुमने कितने में ली?" ख़ुसरो ने कहा–"दो ऊँट छोड़कर बाकी सब दे दिये।" हज़रत ने कहा "अगर वह दो ऊँट भी दे देते तब भी सौदा सस्ता रहता।"

अमीर ख़ुसरो को इतना इश्क था अपने गुरु से कि वह सारा समय गुरु की भक्ति में लीन रहता। बाईस लोग थे जो हज़रत निज़ामुद्दीन के बहुत करीब थे। उनमें से एक ख़ुसरो थे।

एक दिन हज़रत ने सोचा कि देखूँ इन में से सच्चा आशिक कौन है? एक दिन उन्होंने सबसे कहा कि चलो कुछ सैर सपाटा कर आते हैं। शहर में आते हैं, रात का समय था। बाज़ार में बहुत चहल–पहल थी। लोग देख रहे थे कि यह फकीर बाईस लोगों के साथ घूम रहा है। लोग मन ही मन में सोचते हैं कि बुढ़ापे में फकीर की मत मारी गयी है। सब हँस रहे थे। चलते–चलते हज़रत अपने शिष्यों के साथ वेश्याओं के मौहल्ले में पहुँच गये। हज़रत ने एक वेश्या के घर के बाहर अपने शिष्यों को खड़ा किया और कहा, मैं अंदर जाता हूँ, कुछ काम है, तुम सब यहीं रुको। लोग सोचने लगे कि हज़रत को क्या हो गया है? शिष्य भी सोच रहे थे कि इतनी रात गये, वेश्या के पास उनका क्या काम हो सकता है? हज़रत अंदर गये तो वेश्या को भी बहुत आश्यर्च हुआ। उसने हाथ जोड़कर कहा, "क्या हुक्म है?" हज़रत ने कहा "तुम यह कमरा मुझे दे दो। तुम और कहीं जाकर बैठो। अपने आदमी से कहो कि कुछ रोटियाँ, दाल की कटोरी, शरबत की बोतल लेकर आये, पर

ढककर ले आये, ताकि किसी को पता न चले।" वेश्या ने कहा "इस पतित के घर में आप के चरण पड़े, मैं आप पर कुर्बान जाऊँ।"

जब आदमी सब चीजें ढककर लाया, तो शिष्यों को शक हुआ कि वेश्या के पास गया है। अब शराब और कबाब की दावत शुरू होगी। एक-एक करके सब चले गये, कहने लगे हमें आज पता चला कि हज़रत की जिंदगी कैसी है। हम तो समझते थे, कि ये सच्चे फकीर हैं। सिर्फ एक ही खड़ा था और वह था अमीर ख़ुसरो। कई घण्टे बीते, वह खड़ा रहा। जब प्रभात हुई, तो हज़रत बाहर आये, देखा यह एक ही खड़ा है। पूछा बाकी कहाँ गये? ख़ुसरो ने कहा एक-एक करके चले गये। हज़रत ने कहा "तुम क्यों नहीं गये?" खुसरो ने कहा "मुझे भी विचार तो आया था कि जाऊँ, पर फिर अपने आप से कहा कि मैं कहाँ जा सकूँगा? मेरा ठिकाना भी आप, मेरा मकान भी आप, मेरा सब कुछ आप। आपको छोड़कर मैं कहाँ जाऊँ?" ऐसा कहकर वह रोने लगा। हज़रत ने उसे गले लगाया। आगे चलकर अमीर ख़ुसरो बड़े दरवेश हुए और उन्होंने हज़रत निज़ामुद्दीन के बाद उनका स्थान ग्रहण किया। इश्क हकीकी ऐसा है। जिस दिन हम ने यह इश्क हक़ीकी नहीं कमाया, चाहे उस दिन हमने करोड़ों रुपये कमाये, हमारा दिन व्यर्थ गया। काश! हमारे हृदय में प्रभु की कृपा से यह इश्क हकीकी जागे और हमारा जीवन सफल हो।

ॐ शांति! शांति! शांति!

□□□

12
निर्मल कर्म

मेरे प्यारे भाइयो और बहनो, आप सब को मेरा हार्दिक प्रणाम!

श्री सुखमनी साहिब एक अनोखा शास्त्र है, जिसमें गुरु अर्जुनदेव जी की वाणी दर्ज है। गुरुदेव साधु वासवानीजी हमेशा अपने पास दो शास्त्र रखते थे। एक श्रीमद्भगवद्गीता, दूसरा श्री सुखमनी साहिब! वे अक्सर श्री सुखमनी साहिब के किसी सूत्र पर प्रवचन देते थे।

उनका कहना था, यदि तुम इन दो शास्त्रों का अध्ययन करो, तो तुम्हें अन्य किसी पुस्तक या शास्त्र पढ़ने की ज़रूरत ही नहीं पड़ेगी। कई लोग रोज़ सारी सुखमनी साहिब का पाठ करते हैं।

यह ज़रूरी नहीं है कि पूरी सुखमनी साहिब का पाठ किया जाये, किन्तु यह बहुत ज़रूरी है कि केवल एक सूत्र या फिर एक पंक्ति लें, उसे समझने की चेष्टा करें, उसका अभ्यास करें और उसकी साक्षी अपने जीवन में देने की कोशिश करें।

प्राचीन भारत के ऋषियों ने आध्यात्मिक जीवन के लिये तीन कदम बताये हैं। पहला कदम है 'श्रवण' अर्थात सुनना, ध्यान से सुनना। हम कितनी बातें सुनते हैं। पर एक कान से सुनते हैं और दूसरे कान से निकाल देते हैं। श्रवण है ध्यान से सुनना।

दूसरा कदम है, 'मनन' अर्थात जो सुना है उस पर गौर करना उसके बारे में विचार करना।

तीसरा कदम है, 'निध्यासन' अर्थात जो शिक्षा मिली है उसका अभ्यास करना, ध्यान करना। इस प्रकार अभ्यास करना, ध्यान करना ताकि हम उस शिक्षा की जीती-जागती तस्वीर बन जायें।

आज हम श्री सुखमनी साहिब के एक सूत्र पर विचार करेंगे, जिसके शब्द इस प्रकार हैं:

करम करत होवै निह करम,

तिस वैशनु का निर्मल धर्म।

अर्थात 'सच्चे वैष्णव का निर्मल धर्म कौन सा है, कर्म करना ही सच्चे वैष्णव का धर्म है। संसार है एक कर्म-भूमि'। सच्चा वैष्णव अपना कर्म करता है, किन्तु कर्म करता है निष्काम भाव से।

"कर्म करत होवै निह करम"

अर्थात 'उसके हृदय में कोई भी कामना और चाहत नहीं है उसे किसी भी कर्म के फल की इच्छा नहीं है' यही है सच्चा निर्मल धर्म।

गुरुदेव साधु वासवानीजी शिक्षा देते थे कि आध्यात्मिक जीवन का पहला कदम है 'वैराग्य'। इसका मतलब यह नहीं कि तुम दुनिया को छोड़ दो। इसका मतलब कदापि यह भी नहीं कि तुम अपना घर परिवार छोड़कर तपोवन में या फिर पहाड़ की चोटी पर या फिर किसी गुफा में जाकर बैठ जाओ। जीव इस संसार में आता है और प्रकृति के संग रहता है। जीव देह धारण करता है। उसका सम्बंध शरीर से अवश्य है किन्तु इस देह से बंधना नहीं है। कहने का अर्थ है कि संग में रहें पर उसका प्रभाव नहीं होना ही, वास्तव में वैराग्य है 'कर्म करें पर फल की इच्छा त्याग दें'। वैराग्य है, यह ज्ञान कि इस संसार में सब चीजें फ़ानी हैं, अनित्य हैं। मैं समझता हूँ कि इस शिक्षा की हम सब को बहुत ज़रूरत है। इस समय हम यहाँ-वहाँ भटक रहे हैं।

इस दुनिया में हम आये हैं, तो हमें यहाँ पर रहने वालों से दुनियादारी निभानी ही है, किन्तु होता यह है कि साथ रहते-रहते हमें

उनसे लगाव हो जाता है और हम मोह में फँस जाते हैं।

एक बार गुरुदेव साधु वासवानीजी ने कहा आपने मक्खी को देखा है, कैसे शहद को चूसने जाती है और उसमें बुरी तरह फँस जाती है। वास्तव में शहद चूसने से पहले मक्खी सोचती है, मैं बड़ी सावधानी से शहद चूसूंगी किन्तु जैसे ही मक्खी शहद को चूसना शुरू करती है तो उसके स्वाद में मुग्ध हो जाती है और सब कुछ भूल जाती है। वह अधिक से अधिक शहद का स्वाद लेना चाहती है और बेचारी मक्खी के पर शहद से लथ-पथ हो जाते हैं। वह उड़ने की बहुत कोशिश करती है, लेकिन उड़ नहीं पाती और वहीं अपने प्राण त्याग देती है।

इस संसार में मनुष्य की भी यही दशा है। थोड़े मज़े के लिये, थोड़े स्वाद के लिये, वह स्वयं को वासनाओं और तृष्णाओं की जंज़ीरों से बाँध लेता है।

मेरे मित्रों! ये दुनिया की तमाम महफिलें, यह ऐशो आराम मद्य की तरह हैं। इस समय मनुष्य अपना समय महफिलों और ऐशो आराम में व्यतीत कर रहा है, किन्तु जब अन्तकाल आता है तो वह सोचता है आह! यह क्या हुआ? क्यों मैं इस मद्य में फँस गया?

मेरे प्रियजनों! मनुष्य इस मद्य में क्यों फँस जाता है? वह अपने विवेक, अपनी समझदारी से काम नहीं लेता क्योंकि वह सचेत नहीं रहता, इसलिये वह फँस जाता है। हम इस संसार की मद्य में फँसे हुए हैं, हम तृष्णाओं के गुलाम हैं, हम कैदी हैं, हम आज़ाद नहीं हैं।

एक अवसर पर गुरुदेव साधु वासवानीजी राह चलते हुए एकाएक बीच में खड़े हो गये और आते-जाते हुए लोगों की ओर देखकर कहने लगे, कैदी, कैदी, कैदी! मैंने कहा "गुरुदेव! कैदी कहाँ हैं? यह सब तो आजाद भारत के नागरिक हैं। ये कैदी कैसे हुए?" गुरुदेव ने कहा ये सब इच्छाओं, तृष्णाओं के कैदी हैं।

मेरे प्यारे भाइयो और बहनो! तुम कैदी हो क्योंकि इस समय तुम

इच्छाओं और तृष्णाओं के कैद में हो और जब तक तुम इन तृष्णा रूपी जंज़ीरों को नहीं तोड़ोगे, तब तक तुम आज़ाद नहीं हो पाओगे। संसार मे रहें, किन्तु तृष्णाओं के कैद में न फँसें, इसलिये क्या करें? अगर तुम संसार में रहना चाहते हो पर उसमें फँसना नहीं चाहते, तो सबसे सरल मार्ग है, अपना कर्म करो, पर फल की इच्छा मत करो।

"कर्म करत होवै निह कर्म!"

एक बात हमेशा याद रखें। कोई भी कार्य करें, वह कार्य तुम्हें नहीं बाँधता, बल्कि उसके फल की इच्छा तुम्हें बाँधती है ।

आप कोई भी काम करते हैं तो आपके दिल में उसके फल की उम्मीद रहती है। यह उम्मीद, यह फल की इच्छा आप को बंधन में बांधती है। अगर आप किसी से कहें कि प्रिय तुम मेरा यह काम कर दोगे? वह कहेगा ज़रूर, क्यों नहीं करूँगा? पर पहले बताओ कि मुझे इस काम के करने से क्या मिलेगा? यही है फल इच्छा। आजकल आप देखेंगे, छोटे-छोटे बच्चों में भी यह भावना बढ़ती जा रही है। कहते हैं अगर हम ये काम करें तो इससे हमें क्या मिलेगा?

एक दिन एक दादी अपने पोते से कहती है, बेटे! आज मेरी टांगें बहुत दर्द कर रही हैं। तुम थोड़ी देर उन्हें दबा दो। आपको यह जानकर आश्चर्य होगा कि सात साल का बालक अपनी दादी से कहता है "अगर मैं आपके पाँव दबाऊँ तो मुझे क्या दोगी?"

मेरे प्यारे भाइयो और बहनो! हमें अपने माता-पिता की सेवा करने में खुशी होती थी। हमें लगता था कि हमने अपने माता-पिता की सेवा की, यही हमारा इनाम है। किन्तु आजकल के बच्चे कुछ अलग स्वभाव के हैं, क्योंकि इन पर भी संसार का प्रभाव पड़ता जा रहा है। इस वक्त अगर कोई कुछ काम करता है तो पहले यही विचार करता है कि इससे मुझे क्या मिलेगा? यही फल इच्छा इन्सान को बाँधती है। अगर मेरी उम्मीद पूरी होती है तो मुझे खुशी मिलती है और अगर मेरी आशा पूर्ण

नहीं होती तो मैं निराश हो जाता हूँ, निराशा मेरे चेहरे से साफ झलकने लगती है।

श्रीमद्भगवद्गीता में बताया गया है कि इस संसार में तीन प्रकार के लोग होते हैं:

पहले वे, जो फल की इच्छा से कार्य करते हैं। सवेरे से लेकर रात तक वे सिर्फ फल की इच्छा के लिये काम करते हैं। वे यही सोचते हैं कि जितना अधिक हम काम करेंगे, उतना ही अधिक फल हमें मिलेगा। अगर किसी कारणवश उस काम का फल उन्हें नहीं मिलता तो कहते हैं कि सारी मेहनत व्यर्थ गई। ऐसे लोगों को रजोगुणी इन्सान कहते हैं। एक पल भी वे बिना कामकाज के रह नहीं पाते। कहते हैं, हम सदा कार्य करते रहें पर वे हर कार्य फल की इच्छा से करते हैं।

एक बुजुर्ग मुझे मिले, उनकी हालत कुछ ठीक नहीं थी। उनके चेहरे से मायूसी साफ झलक रही थी। अपने दिल का हाल बताते हुये उन्होंने कहा, मैंने अपने इकलौते बेटे को पढ़ाया-लिखाया और उसे विदेश भेजा, उसे ऊँची शिक्षा देने के लिये मैंने लोगों से रिश्वत भी ली, झूठ बोला क्योंकि बेटे को विदेश भेजने के लिये काफी पैसों की ज़रूरत थी। मेरे पास एक छोटा सा मकान था, वह भी मैंने बेच दिया, ताकि मेरा बेटा उच्च शिक्षा प्राप्त कर सके।

बेटा पढ़ लिखकर भारत लौटा और उसे एक बड़ी कम्पनी में नौकरी मिली, उसे अच्छा वेतन मिलता था। फिर मैंने उसकी शादी करा दी। बहू ने घर में प्रवेश करते ही कुछ ही दिनों में अपना रंग दिखाना शुरू कर दिया। एक दिन उसने अपने पति से कहा, या तो इस घर में मैं रहूँगी या फिर तुम्हारा बाप। मेरे बेटे ने बहू के कहने पर मुझे घर से निकाल दिया है। इस समय मैं इधर-उधर भटक रहा हूँ। आह! मुझसे ज्यादा बदनसीब इन्सान इस संसार में और कौन होगा? अपना पैसा, अपना मकान, अपनी सारी उम्र की पूंजी मैंने जिस बेटे पर खर्च कर

दी, उसी ने आज मुझे बेघर कर दिया। ऐसा कहकर वह रोने लगा। इस सज्जन ने भी अपने पुत्र को इसी फल की इच्छा से पढ़ाया कि पुत्र पढ़ लिखकर अच्छी नौकरी प्राप्त करे, उसकी देखभाल करे पर आह! जब उसकी यह इच्छा पूर्ण नहीं हुई तो वह दुःखी हो गया।

कुछ दिनों बाद मुझे एक और सज्जन के बारे में पता चला कि वह भी तकलीफ में है। वह बहुत बीमार था। डॉक्टर ने उसे कुछ दवाइयाँ लिख दीं किन्तु उसके पास दवाइयाँ खरीदने के लिये पैसे नहीं थे। मैं उस सज्जन से मिला और उसका हाल-चाल पूछा, तब उसने कहा कि मैंने अपने पुत्र को ऊँची शिक्षा दिलाने के लिये विदेश भेजा था। मुझे पेंशन मिलती थी, वो भी मैं उसे भेज देता था। ऊँची शिक्षा हासिल करने के बाद वह भारत लौटा और जल्दी ही उसे एक अच्छी नौकरी भी मिल गयी, दो साल तक उसने मेरी अच्छी देख-भाल की। फिर मैंने उसकी शादी करवायी, शादी के बाद पता नहीं उसे क्या हो गया? उसका व्यवहार मेरे प्रति बदल गया।

मेरे प्यारे भाइयो और बहनो, शादी में पता नहीं क्या होता है? शादी होते ही इन्सान बदल जाता है। आगे उस सज्जन ने कहा, शादी के बाद मेरा बेटा मेरी ओर बिल्कुल ध्यान नहीं देता था। एक दिन कहने लगा, "बाबा! और कितना समय तुम मेरे पास रहोगे? अब तुम मेरे ऊपर बोझ बन गये हो।"

पिता ने बेटे से कहा, "मैं तुम पर बोझ नहीं बनना चाहता। मैं यहाँ से चला जाता हूँ।"

जब वह आदमी मुझे यह सब बता रहा था, उस समय उसके चेहरे पर मुस्कुराहट थी। कहने लगा, "मैं बार-बार कहता हूँ वाह! ईश्वर तेरी लीला! जो थोड़ा बहुत मोह का बन्धन था, वह भी तुमने काट दिया।"

देखिये, कितना सुन्दर दृष्टिकोण है। हमें भी यह सबक सीखना

चाहिये। जब भी कोई कष्ट आये या किसी कारण हम निराश हो जायें तो यह मंत्र उच्चारें। वाह ईश्वर तेरी लीला! इन शब्दों में जादुई शक्ति है।वाह ईश्वर तेरी लीला! वाह ईश्वर तेरी लीला!

हाँ, तो पहले प्रकार के इन्सान फल की इच्छा रखकर कार्य करते हैं, वे हैं रजोगुणी इन्सान!

दूसरे प्रकार के इन्सान वे हैं, जो कहते हैं हमें फल की इच्छा नहीं है। हम फल का क्या करेंगे? हमें फल नहीं चाहिये और जब हमें फल चाहिये ही नहीं तो फिर हम काम करें ही क्यों? हम कार्य नहीं करेंगे। ऐसे इन्सानों को तमोगुणी कहते हैं 'सुस्त' 'आलसी इन्सान'। ऐसे इन्सान अपना बहुमूल्य समय आलस में बिता देते हैं, अपना जीवन व्यर्थ ही गँवा देते हैं।

कराची में एक ऐसा ही व्यक्ति रहता था, वह बहुत ही प्रसिद्ध अमीर वकील का बेटा था। उसने वकालत की डिग्री ली। उसके घर में बहुत बड़ी लाइब्रेरी थी, जिसमें कई कानून की पुस्तकें थीं। मैं भी कभी-कभी उसके पास आया जाया करता था क्योंकि उन दिनों मैं भी वकालत पढ़ रहा था। जो किताबें मुझे अपने कॉलेज की लाइब्रेरी में नहीं मिलती थीं, वे मुझे उसकी लाइब्रेरी में मिल जाती। कुछ समय बाद उसके पिता का देहान्त हो गया और वे मरने से पहले अपनी सारी जायदाद पुत्र के नाम कर गये। सारी धन दौलत उसके हाथ आ गयी। वह कहने लगा कि मैं काम क्यों करुँ? मुझे और पैसा नहीं चाहिये।

जब मैं किसी काम से उसके घर जाता और काफी समय उसकी लाइब्रेरी में बिताता, तब मैं देखता कि वह हमेशा अपनी आराम कुर्सी में, टांग पर टांग चढ़ाकर बैठा रहता। जब बैठे-बैठे थक जाता तो अपने घर के बड़े आलीशान से आंगन मे दो तीन चक्कर लगाकर, फिर से आकर आराम कुर्सी पर बैठ जाता था।

मैंने कई बार उससे कहा, तुम कुछ काम क्यों नहीं करते? तुम

इतने बुद्धिमान हो, तुम्हारे पिता भी नामी वकील थे, फिर तुम वकालत क्यों नहीं करते? इस पर वह कहने लगा, मैं काम क्यों करुँ? मुझे उसकी क्या ज़रूरत है? मेरे पास इतना धन है कि मैं आज तक उसे गिन भी नहीं पाया हूँ । उसके पिता राजा महाराजाओं के वकील हुआ करते थे, इसलिये उसके पास बेशुमार कीमती हीरे, जवाहरात थे। आगे वह बोला अभी तक मुझे उनकी कीमत भी नहीं मालूम, फिर मैं काम किस लिये करुँ?

मैंने उसे समझाया, "संसार में कितने ही ऐसे गरीब और दुःखी लोग हैं, उन्हें वकील की ज़रूरत पड़ती है। तुम क्यों नहीं जाकर उनकी सेवा करते हो। वह मेरी बात सुनकर हँसने लगा, वैसे वह बहुत ही कम हँसता था। अक्सर शान्त बैठा रहता जैसे कोई पत्थर की मूरत हो। शायद जीवन में पहली बार वह खुलकर हँसा था। आज तक मैं उसकी हँसी को नहीं भूल पाया हूँ।

सुस्त, आलसी इन्सान फल की इच्छा के सिवा काम करना व्यर्थ समझता है।

तीसरे प्रकार के इन्सान वे हैं सतोगुणी इन्सान, जो कहते हैं 'कर्म करना हमारा कर्त्तव्य है पर उस कर्म के फल पर हमारा कोई अधिकार नहीं। वे त्याग की भावना से कर्म करते हैं। वे अपना सब कुछ प्रभु के चरण कमलों में अर्पण कर देते हैं। वे कहते हैं हम कर्म अवश्य करेंगे क्योंकि ईश्वर ने हमें इस संसार में भेजा है, जो है कर्म-भूमि'।

इस दुनिया में हम खूब काम करेंगे, किन्तु फल की इच्छा नहीं रखेंगे प्रभु की शरण लेकर, उसके साधन बनकर, इस संसार में अपना कार्य करते रहेंगे। जैसे महात्मा गांधी, जिन्हें हम कभी नहीं भूल पायेंगे। उन्होंने अपने जीवन में इसी शिक्षा की साक्षी दी कि कर्म करो और फल की इच्छा त्याग दो। उन्होंने बहुत काम किया, लेकिन उसके बदले में कभी कुछ नहीं माँगा।

एक दिन महात्मा गांधी से एक आदमी मिलने आता है और कहता है: बापूजी, मैं आपसे श्रीमद्भगवद्गीता की शिक्षा लेने आया हूँ, आपने गीता का बहुत अभ्यास किया है और उसके बारे में कई शिक्षायें भी दी हैं। मैं चाहता हूँ कि मैं आपके पास रहकर गीता का अध्ययन करूँ।

महात्मा गांधी उससे कहते हैं, तुम्हारी बात का जवाब मैं बाद में दूँगा। तुम यहाँ उचित समय पर आये हो। यहाँ पर बहुत सारी ईंटें पड़ी हैं, इन्हें तुम ध्यान से गिनो। आदमी पूछता है, महात्मा जी! कितने दिनों तक मैं यह ईंटें गिनूं? गांधीजी कहते हैं, फिलहाल तो तुम गिनना शुरू करो। मैं बाद में तुम्हें बताऊँगा।

वह ईंटें गिनने लगा बेचारा एक दो घंटे ईंटें गिनता रहा, फिर थक गया। मित्रों! बहुत मुश्किल काम है 'ईंटों को गिनना', खास तौर पर उनके लिये जो पढ़े-लिखे हैं और जिन्होंने कभी अपने जीवन में कठोर परिश्रम नहीं किया है। ईंटें गिनते-गिनते बेचारे की कमर झुक गयी। लगातार चार घंटों तक ईंटें गिनता रहा। जब वह थक गया तो जाकर विश्राम किया। फिर दूसरे दिन वह आकर ईंटें गिनता है। तीसरे दिन भी वही सिलसिला जारी रहता है। वह सोचता है गांधीजी शायद भूल गये हैं कि मैं यहाँ गीता की शिक्षा लेने आया था, ना कि ईंटें गिनने के लिये यह मेरी कैसी हालत हो गयी है?

वह महात्मा गांधी को संदेश भेजता है। तब महात्मा गांधी उसे अपने पास बुलाकर कहते हैं, प्रिय! तुम मेरे पास गीता का ज्ञान प्राप्त करने आये थे। मैं तुम्हें व्यावहारिक ढ़ंग से गीता का ज्ञान देना चाहता था 'तुम कर्म करो' अर्थात ईंटें गिनते रहो, पर फल की इच्छा को त्याग दो। तुम्हें ईंटें गिनने का काम मिला था, तुम चुपचाप ईंटें गिनते रहो। ऐसा मत कहो कि यह कार्य मेरा नहीं है। यह कार्य मैं क्यों और किस लिये करूँ? तुम्हें जो कार्य दिया गया है वह तन्मय होकर करते रहो।

कर्म करते रहो पर फल की इच्छा मत रखो आज के युग में इस

शिक्षा की बहुत ज़रूरत है। मेरे ख्याल से अधिकतर लोग रजोगुणी प्रवृत्ति के होते हैं। हर कार्य वे फल की इच्छा से करते हैं। कई लोग ये सोचकर कार्य करते हैं कि ऐसा करने से समाज में हमारा सम्मान होगा, हमारी बढ़ाई होगी, हमारी प्रशंसा होगी और जब इच्छा पूरी नहीं होती तो दु:खी हो जाते हैं।

दूसरे प्रकार के इन्सान तमोगुणी होते हैं जो अपना बहुमूल्य समय आलस्य में गँवा देते हैं

तीसरे प्रकार के लोग, वे जो कर्म करते हैं 'त्याग की भावना से।' वे कहते हैं हमने कुछ नहीं किया यह काम तो उस परम शक्ति ने हमारे द्वारा किया है। हम तो उस परम शक्ति के साधन मात्र हैं।

काश! हम भी इस भावना से कर्म करते रहें। गुरुदेव साधु वासवानी जी कहते थे, अगर तुम आध्यात्मिक राह पर आगे कदम बढ़ाना चाहते हो तो उसके लिये पहला कदम यही है। तुम इस दुनिया में आये हो, इसलिये कर्म करते रहो क्योंकि यह संसार कर्म-भूमि है, किन्तु फल की इच्छा मत रखो। तुम यही कहो कि प्रभु ने मुझे यह काम सौंपा है और मेरा कर्त्तव्य है कि मैं बिना कुछ कहे चुपचाप यह कार्य करता रहूँ।

श्री कृष्ण गीता में अर्जुन से कहते हैं, "तुम तीर छोड़ते रहो। तीर लगे या न लगे यह सोचना तुम्हारा काम नहीं। तुम सिर्फ ध्यान से तीर छोड़ते रहो, चाहे उसका नतीजा कुछ भी निकले तुम्हारा उससे कोई सम्बंध नहीं है। तुम अपने हर कर्म का फल प्रभु के चरण कमलों में अर्पण कर दो ऐसा करके तुम अपनी जीवन यात्रा सफल करो।

ॐ शान्ति! शान्ति! शान्ति!

13
पाप से मोक्ष पाने की राह

मेरे प्यारे भाइयो और बहनो, आप सबको मेरा हार्दिक प्रणाम!

इस पृथ्वी पर ऐसा कौन है, जो कह सके कि वह गुनाहों से आज़ाद है? हम तो साधारण लोग हैं। पर संतों, सत्पुरुषों ने भी अपनी वाणी में कहा कि हम गुनाहों से भरे हैं।

गुरुनानक देवजी अपनी पवित्र वाणी में फरमाते हैं:

"जेते समुद्र सागर नीर भरया, तेते अवगुण हमारे,

दया करो कुछ महर उपाओ, डूबंदे पत्थर तारे।"

मेरे प्रीतम! मेरे ठाकुर! मैंने कितने गुनाह किये हैं। न सिर्फ इस जन्म में, पर जन्मों-जन्मों में गुनाह किये हैं, मेरे जीवन की नाव गुनाहों से भरी हुई है। यदि मेरी इस जीवन रूपी नाव में तुम आ जाओगे, तो मेरे सारे गुनाह नष्ट हो जायेंगे।

मेरे प्यारे भाइयो और बहनो! इस संसार के भवसागर में हमारी नाव भंवर में फँसी है। फिर भी हम बेखबर हैं। हम सोच रहे हैं, हम ज़मीन पर चल रहे हैं और सुरक्षित हैं। देखिए! सागर से लहरें उठती हैं और कैसे लोगों को बहा ले जाती हैं। वे इस संसार से रुखसत हो जाते हैं। एक दिन हमारी बारी भी आने वाली है। फिर हमने उसके लिए कोई तैयारी की है या नहीं?

"फरीदा दादा गया, बाबा गया, तू भी चलणहार,

फिर पाछे जो रह गये लड़के, उसे भी चलणा पार!"

यह संसार है फ़ानी। हर किसी को बारी-बारी यहाँ से रुख़सत होना है। यहाँ है सिर्फ चंद दिनों का बसेरा। इन चंद दिनों में इस संसार में रहकर तैयारी करें। यहाँ रहकर हम कैसी तैयारी करें? हम बीच भंवर में फँसे हुए हैं। हमें तैरने की कला सीखनी पड़ेगी। फिर कोई लहर हमें बहाकर नहीं ले जा सकेगी, फिर कोई भय या चिंता नहीं रहेगी। हमें विश्वास होगा कि हम तैरकर उस पार पहुँच जायेंगे।

एक नाव में एक प्रॉफेसर सैर कर रहा था। मल्लाह नाव चला रहा था। तभी प्रॉफेसर मल्लाह से पूछता है, "तुम पढ़ना-लिखना जानते हो?"

मल्लाह कहता है, "साहब! हम गँवार लोग हैं, हम पढ़ना लिखना क्या जानें।"

प्रॉफेसर हँसकर बोलता है, "अरे! यदि तुमने पढ़ना-लिखना नहीं सीखा है, तो तुमने अपने जीवन का तीसरा हिस्सा व्यर्थ गँवा दिया है।" कुछ समय बाद प्रॉफेसर घड़ी में समय देखता है और मल्लाह से पूछता है, "तुम्हें घड़ी में समय देखना आता है या नहीं?"

मल्लाह कहता है, " साहब! हम गँवार लोग घड़ी कहाँ से लायेंगे। हम नाव चलाते हैं और सूरज को देखकर समय का पता लगा लेते हैं।"

प्रॉफेसर कहता है, "तुमने अपना आधा जीवन व्यर्थ गँवा दिया। न तुम पढ़ना सीखे, ना लिखना, फिर तुमने आखिर क्या सीखा है?"

थोड़ी देर बाद आकाश पर बादल छा गये। तेज़ हवाएँ चलने लगीं, नाव डोलने लगी। उस समय मल्लाह ने प्रॉफेसर से पूछा, "साहब! आप तैरना जानते हैं?" प्रॉफेसर कहता है, "नहीं, मैंने तैरना नहीं सीखा है।" तब मल्लाह ने हँसते हुए कहा, "साहब! फिर आपका तो पूरा जीवन व्यर्थ हो गया।" उस समय समुद्र में एक तूफानी लहर उठी और नाव

को डूबो दिया, प्रॉफेसर तो डूब गया और मल्लाह तैरकर किनारे पर पहुँच गया।

मेरे मित्रों! हम बेशक पढ़ना-लिखना सीखे हैं। लेकिन यह भवसागर भारी है, इसमें तूफानी लहरें उठ रही हैं। क्या हम ने उन लहरों से लड़ना सीखा है? अगर आप तैरना सीखना चाहते हैं तो उनसे सीखो जिन्हें तैरना आता है। वे है संत, सत्पुरुष। सुबह से रात तक हम कितने कार्य करते हैं। पर कभी हमने सोचा है कि हमें तैरना सीखना चाहिए। यदि हम अपना भला चाहते हैं तो तैरना सीख लें, वरना प्रॉफेसर की तरह डूब जायेंगे।

संत, सत्पुरुष हमें उस पार ले जाते हैं, जहाँ श्याम सुंदर होठों पर मुरली लगाये गीत गा रहा है, "आजा! आजा! आजा! अभी और कितना समय मुझसे दूर रहोगे? कब तक इस माया जाल में फँसे रहोगे? यह जाल है दुःख का जाल, इस जाल से बचना चाहते हो, तो मेरे पास आओ।"

"सर्वधर्मान्परित्यज्य, मामेंक शरंण व्रज।"

सब धर्मों का त्यागकर, अर्जुन! तुम मेरी शरण में आओ।

यदि तुम मुक्त होना चाहते हो, यदि दुःख के चक्र से छूटना चाहते हो, तो मेरे पास आओ।

मेरे प्यारे भाइयो और बहनो! श्रीकृष्ण एक-एक को आकर्षित कर रहा है, पापियों को, गुनहगारों को।

भागवत् पुराण में आपने पढ़ा होगा, एक स्त्री पाप के दलदल में फँसी हुई थी। लोग उसकी निंदा करते थे। वह श्रीकृष्ण के चरणों में आकर बैठती है और कहती है, "श्याम! मैं तेरी शरण में आई हूँ। मैंने न जाने कितने पाप किये हैं। स्वयं तो पाप किये हैं, औरों को भी पाप में धकेला है। पर अब में तुम्हारी शरण में आई हूँ। कृपा मुझे आशीर्वाद दें।"

वह पश्चाताप् के आँसू बहाकर श्रीकृष्ण के कदमों में गिर पड़ती है। श्रीकृष्ण उसके आँसू पोंछते हैं और कहते हैं, मेरी बालिका, आज से तुम मेरी हो। अब उस बालिका का जीवन बदल जाता है।

मेरे प्यारे भाइयो और बहनो, श्रीकृष्ण कैसे-कैसे लोगों को अपनी ओर आकर्षित करते हैं। न केवल हिंदुओं को, पर उसने मुसलमानों को भी आकर्षित किया है।

मुझे ऐसे एक संत की याद आ रही है, जिनका नाम था हरिदास। संत हरिदास एक कृष्ण भक्त थे। पूर्व बंगाल के एक मुस्लिम परिवार में उनका जन्म हुआ। उन पर भगवान श्रीकृष्ण का कुछ ऐसा जादू चला कि कृष्ण का नाम सुनते ही वे भक्ति में मगन होकर गाते थे, "हरे कृष्ण, हरे कृष्ण, कृष्ण, कृष्ण, हरे, हरे ।"

लेकिन उनके घरवालों को यह बात अच्छी नही लगती थी कि मुसलमान होकर वे श्रीकृष्ण का स्मरण करें।

हरिदास अपना गाँव छोड़कर बीनाकोल गाँव के एक जंगल में कुटिया बनाकर रहने लगे। वे गाँव से भिक्षा माँगकर अपना पेट भरते थे। वे स्वयं को हरि का दास मानते थे। इसलिए अपना नाम हरिदास रखा। थोड़े ही समय में संत हरिदास का यश चारों तरफ फैलने लगा। लोग उनको संत के रूप में मानते और दूर-दूर से उनके दर्शन करने आते थे। लेकिन कई लोग उनसे ईर्ष्या करने लगे और कहने लगे कि भिखमंगा यह फकीर, कोई काम-काज तो करता नहीं, फिर भी लोग उसे इतना क्यों मानते हैं?

वहाँ रामचंद्र नाम का एक धनवान रहता था, जिसने राजा को खुश करने के लिए अपने नाम के आगे खान लगा दिया। वह संत हरिदास से जलता था और उन्हें बदनाम करने की कोशिश करता था।

संत हरिदास सुंदर और नौजवान थे। उनकी आँखों से नूर छलकता था। रामचंद्र खान ने संत हरीदास का शील भंग करने की एक तरकीब

सोची। द्वेष की अग्नि में जलता हुआ रामचंद्र खान कई वेश्याओं के पास गया और संत हरिदास का शील भंग करने की सहायता माँगी। वैश्याओं ने रामचंद्र खान को साफ इन्कार करते हुए कहा: "हम बेशक कुकर्म करती हैं, लेकिन इस पाप के कार्य में तुम्हारा साथ नहीं देंगी।"

परन्तु एक सुंदर और जवान वेश्या धन के लालच में आकर रामचंद्र खान की बात मान लेती है। वह तीन दिनों के अंदर इस काम को पूरा करने का वादा भी करती है। रामचंद्र खान ने कहा, यदि तुम संत हरिदास को पतित करने में सफल हो गई तो मैं तुम्हें मुँह माँगा इनाम दूँगा और कहा कि तुम वहाँ अकेली मत जाना। तुम अपने साथ एक पुलिसवाले को भी ले जाना। उसे कहीं छिपा देना और फिर जैसे ही संत हरिदास तुम्हारे निकट आये, तब तुम इशारा करके, पुलिसवाले को बुला लेना तो वह रंगे हाथों पकड़ लेगा।

वेश्या ने कहा, पहले दिन मैं अकेली ही जाऊँगी। अगर उसे अपना बना सकी तो दूसरे दिन पुलिस वाले को साथ ले जाऊँगी। वेश्या संध्या के समय, खूब सज-धज के, चमकीले वस्त्र पहनकर संत की झोंपड़ी के पास आई। सूर्यास्त हो रहा था और चारों तरफ अंधेरा छाने लगा। उस समय हरीदास के यहाँ कोई नहीं आता था। वहाँ पहुँचकर उसने सबसे पहले कुटिया के बाहर रखी हुई तुलसी को नमस्कार किया और आगे जाकर हरिदास के चरण छुये।

संत हरिदास का नियम था हर रोज़ तीन लाख बार महामंत्र का जाप करना। वे अपने मंत्र जाप में इतने मगन थे कि उन्होंने वेश्या की तरफ आँख उठाकर भी नहीं देखा। वेश्या द्वार के पास जाकर बैठ गयी और कई तरह से हरिदास को ललचाने की कोशिश करने लगी। जब उसकी तमाम कोशिशें नाकाम हो गई, तो वहाँ से उठकर संत हरीदास के पास जाकर बैठी। कहने लगी, हे कृष्ण भक्त! आप कितने सुंदर हैं। मैं तो आपके इस रूप को देखकर मोहित हो गयी हूँ। मैं तो क्या, कोई भी स्त्री आपके इस सलोने रूप को देखकर, आप पर आशिक हो जायेगी।

मैं तन, मन से आपकी होना चाहती हूँ। कृपया मुझे स्वीकार कीजिये, मुझ पर तरस खाइये। अब मैं आपके बिना एक पल भी जी नहीं पाऊँगी।

संत हरिदास ने कहा: मैं वचन देता हूँ कि मैं अवश्य तुम्हें स्वीकार करूँगा। लेकिन कुछ समय धीरज धरो और मुझे अपना जाप पूरा करने दो। तब तक तुम ऐसा करो, मेरे सामने बैठ जाओ और इस महामंत्र को सुनती रहो। संत हरिदास फिर अपने ध्यान में मंत्र का उच्चारण करने लगे:

हरे राम, हरे राम, राम राम हरे हरे:

हरे कृष्ण, हरे कृष्ण, कृष्ण कृष्ण हरे हरे!

जाप की आवाज़ गूँज रही थी। सुनते-सुनते सुबह हो गयी और सूर्योदय हो गया। वेश्या ने सोचा, अब मेरा यहाँ रहना उचित नहीं है। मैं रात को फिर आ जाऊँगी। वह वहाँ से चल पड़ी।

उधर रामचंद्र खान पूरी रात करवटें बदलता रहा। उसे वेश्या की सफलता पर पूरा यकीन था। वह सोचता रहा कि आज रात मैं एक पुलिसवाला भेजकर उस पाखंडी की सारी पोल खोल दूँगा।

तब वेश्या वहाँ आ पहुँची और रामचंद्र खान को बताया कि संत हरिदास पूरी रात ईश्वर की आराधना में लगा था। परंतु उसने वचन दिया है कि अपना जाप पूरा करते ही वह मुझे स्वीकार करेगा। आज रात को उम्मीद है, उसका जाप पूरा हो जायेगा और वह मेरी ख्वाहिश पूरी करेगा। कल तुम्हें अवश्य यह शुभ सूचना आकर दूँगी। अगले दिन, जैसे ही दिन बीता और रात आयी, वेश्या सज-धजकर फिर संत हरिदास की कुटिया में पहुँच गयी। पहले तुलसी के आगे सिर झुकाया फिर अंदर जाकर संत हरिदास के चरणों में प्रणाम किया।

संत हरिदास ने कहा, तुम्हारा स्वागत है। लेकिन अभी तक मेरी साधना पूरी नहीं हुई है। मैंने प्रभु को वचन दिया है और जैसे ही जाप

करके वचन पूरा करूँगा तो तुम्हारे साथ मिलकर एक हो जाऊँगा। आशा है यह जाप आज पूरा हो जायेगा। तब तक तुम मेरे सामने बैठ जाओ और महामंत्र का जाप केवल सुनती रहो।

हरे राम, हरे राम, राम राम हरे हरे!

हरे कृष्ण, हरे कृष्ण, कृष्ण कृष्ण हरे हरे!

महामंत्र का उच्चारण गूँज रहा था। लेकिन वेश्या के मन में आशा और विश्वास की लहरें उठ रही थी। वह सपनों के महल बना रही थी कि अब मुझे जो धन मिलेगा, उससे मैं अपने दिल के सारे अरमान पूरे करूँगी।

संत हरिदास को देखकर सोचने लगी, कैसा आदमी है, थकता ही नहीं। इसका जाप तो पूरा ही नहीं हो रहा है। अब भोर की लाली फैलने लगी। वह उदास होने लगी।

संत हरिदास ने कहा, तुम उदास मत हो, मैंने प्रभु को इस महीने में एक करोड़ बार मंत्र उच्चारने का जो वचन दिया है, वह अभी पूरा नहीं हुआ। मैंने समझा था कि आज मेरी साधना पूरी हो जायेगी। तुम रात को ज़रूर आना। तब तक जाप पूरा हो जायेगा, फिर हम एक दूसरे के हो जायेंगे।

वेश्या की सोई हुई उम्मीद जाग उठी। उसने हरिदास के चरणों में सिर झुकाकर उनसे विदा ली और सीधी रामचंद्र खान के पास पहुँची।

उधर रामचंद्र खान पूरी रात वेश्या के लौटने का बेसब्री से इंतजार कर रहा था। जब वेश्या ने उसे सारा किस्सा सुनाया तो उसका मुँह पीला पड़ गया। उसने वेश्या से कहा: "तुमने तीन दिनों में संत हरिदास को अपने जाल में फँसाने का वचन दिया था। जाओ आज आखरी रात है, असफल मत होना। मेरी आशाओं पर पानी मत फेरना। मैं तुम्हें बहुत बड़ा इनाम दूँगा

तीसरी रात वेश्या ने अपने आपको इतना सुंदर सजाया कि देखने

वाला दंग रह जाये। उसके शरीर पर लगे इत्र की खुशबू चारों ओर फैली हुई थी। जब कुटिया में पहुँची, तो महामंत्र का जाप चल रहा था। संत हरिदास के चरणों को छूकर वह बैठ गयी। मंत्र के लगातार श्रवण से अब उसके मन पर भी कुछ प्रभाव पड़ने लगा। गाने में तो वह इतनी माहिर थी कि सुनने वालों को मगन कर दे। अब उसे यह प्रेरणा आयी, क्यों न मैं भी सुर में सुर मिलाकर मंत्र का जाप करना शुरू करूँ। वह संत हरिदास के सुर में सुर मिलाकर महामंत्र का जाप करने लगी:

हरे राम, हरे राम, राम, राम, हरे हरे:

हरे कृष्ण, हरे कृष्ण, कृष्ण कृष्ण हरे हरे।

जैसे-जैसे मंत्र का जाप करने लगी, उसका मन शुद्ध होता गया। उसकी आँखो से आँसुओं की धारा बहने लगी। वह उठकर हरीदास के चरणों में गिर पड़ी। उसने रोते-रोते अपने आने का मकसद बताया और कहा, धन के लोभ ने मुझे अंधा कर दिया था।

रामचंद्र के कहने पर मैं आपके ब्रह्मचर्य को भंग करने आयी थी। लेकिन आपकी कृपा ने तो मेरी चेतना जगा दी है। मेरा जीवन गुनाहों से भरा हुआ है। उन सब के लिये मैं माफी माँगना चाहती हूँ। अब मैं प्रायश्चित करना चाहती हूँ।

संत हरिदास ने कहा, तुम निराश मत हो। कोई कितना भी पापी और दुराचारी क्यों न हो, सब के लिये आशा के द्वार खुलें हैं। जो भी प्रभु के नाम की शरण लेता है, उसके सारे पाप धुल जाते हैं। तुम भी नाम का सहारा लो और विश्वास रखो। फिर बड़ी सरलता से भवसागर पार करके तुम कृष्ण लोक में पहुँच जाओगी। आज तक तुमने जो भी पाप की कमाई जमा की है, वह सब गरीबों, दीन-दुखियों में बाँट दो। साधु, संतों की सेवा में खर्च कर दो। फिर आकर तुम इस कुटिया में रहो और प्रभु के स्मरण में लीन हो जाओ।

वेश्या अब रामचंद्र खान के पास नहीं गई। अपने घर जाकर सारा

धन, दान और सेवा में खर्च कर दिया। उसने सादे वस्त्र पहने और अपने सुंदर बाल भी मुंडवा दिये। वैसे तो स्त्री को अपने बालों से बहुत प्यार होता है क्योंकि केश से ही उसकी सुंदरता होती है। लेकिन उसने सोचा अब मैं तन की सुदंरता का क्या करूँगी? मुझे तो अपना जीवन प्रभु के चरणों में अर्पण करके, मन को पवित्र करना है। वह संत हरिदास के पास गई। संत ने उसे स्वीकार किया और महामंत्र दिक्षा दी:

हरे राम, हरे राम, राम राम हरे हरे:

हरे कृष्ण, हरे कृष्ण, कृष्ण कृष्ण हरे हरे:

संत हरिदास ने उसे महामंत्र का अर्थ भी समझाया "हरे" "जो हरण करे" जो हमारे सारे विकारों और तृष्णाओं का हरण करे। "राम" का अर्थ है, जो हर जगह रमता है, जिसका कोने-कोने में निवास है। "कृष्ण" वो, जिसमें आकर्षण शक्ति है। हमारे सारे बंधनों को काटकर हमें अपनी और खींचता है।

इस वक्त हमारा मन मैला है। जब तक हमारा मन शुद्ध नहीं होगा, तब तक हम उस आकर्षण को महसूस नहीं कर सकते। मन को शुद्ध करने का एक सरल उपाय है, प्रभु के नाम का जाप।

संत हरिदास ने अपनी कुटिया वेश्या को दी और कहा, अब यह कुटिया तुम्हारी है। मैं तो तीन दिन पहले ही यहाँ से जाने वाला था, परंतु तुम्हारे कारण ही रुक गया। तुम यहाँ रहकर हर रोज तीन लाख बार इस मंत्र का जाप करना। भिक्षा माँगकर, सादा भोजन खाना और सादा जीवन जीना। कभी-कभी उपवास भी रखना। इससे तुम्हारी इंद्रियाँ तुम्हारे वश में रहेगीं। तुम पर भगवान श्रीकृष्ण की कृपा हुई है और उन्होंने तुम्हें स्वीकार करके तुम्हें नवजीवन का दान दिया है। मैं तो केवल भगवान श्रीकृष्ण का दास हूँ। मैंने तुम्हें अपनाने का वादा किया था, सो मैंने पूरा किया।

ऐसा कहकर संत हरिदास पता नही कहाँ चले गये। परंतु उसे अपने

जीवन के सारे पुण्य और अपनी शक्ति दे गये। उस वेश्या का जीवन लोगों के लिए एक उदाहरण बन गया। दूर-दूर से लोग उसके दर्शन करने आते और उसे साध्वी मानकर उसके चरणों में शीश झुकाकर आशीर्वाद माँगते थे।

मेरे प्यारे भाइयो और बहनो, यदि मनुष्य गुनाहों से मुक्त होना चाहता है तो नाम स्मरण ही सबसे सहज रास्ता है क्योंकि जैसे-जैसे हम नाम का स्मरण करते हैं, हमारा अंत:करण शुद्ध हो जाता है और तभी हम प्रभु को पा सकते हैं।

ॐ शांति! शांति! शांति!

14
जिन चाख्या से जन तृप्तानी

मेरे प्यारे भाइयो और बहनो, आप सब को मेरा हार्दिक प्रणाम! गुरु अर्जन देवजी श्रीसुखमनी साहिब में कहते हैं,

"जिन चाख्या से जन तृप्तानी, पूरन पुरख नहीं डोलानी।"

हम तृप्त नहीं होते हैं। रोज़-रोज़ चखते रहते हैं लेकिन फिर भी तृप्त नहीं होते।। मुझे कुछ लोग मिलते हैं ओर मुझ से कहते हैं कि आज एक नया सिनेमाघर खुला है, जिसमें चार परदे हैं। वहाँ का मजा कुछ और ही है। हम तो वहाँ पर जाकर मज़ा करेंगे। कई लोग कहते हैं कि एक नया होटल खुला है, हम वहाँ पर खाना खाने जा रहे हैं क्योंकि वहाँ का खाना बहुत ही स्वादिष्ट होता है। खाने का स्वाद चख रहे हैं, इंद्रिय भोग का स्वाद चख रहे हैं, लेकिन तृप्त नहीं होते।

"जिन चाख्या से जन तृप्तानी" आपको मानव जन्म इसलिये मिला है ताकि आप तृप्त हो सकें। यह खाने के स्वाद, इंद्रिय भोग के स्वाद, मान-सम्मान और बढ़ाई के स्वाद हमें तृप्त नहीं कर सकते।

एक आदमी को बचपन से ही प्यास थी कि वह लोकसभा का सदस्य बने। वह लोगों की बहुत सेवा करता है, इस इच्छा से कि एक दिन उसे चुनाव में चुन लिया जाये।

एक दिन वह लोकसभा का सदस्य बन जाता है लेकिन वह सोचता है कि लोकसभा के तो बहुत सारे सदस्य हैं। मैं भी सदस्य बना

तो कौन सी बड़ी बात हो गयी। अब मुझे मंत्री बनना चाहिये, तब जाकर मैं तृप्त हो जाऊँगा। तब भी वह तृप्त नहीं होता। कहता है, मंत्री बनना कौन सी बड़ी बात है? अब मुझे प्रधान मंत्री बनना चाहिये। लेकिन प्रधान मंत्री बनने के बावजूद भी वह तृप्त नहीं होता।

यह संसार कुछ ऐसा ही है। हमें जितना अधिक मिलता है, हम उतने ही प्यासे रह जाते हैं।

एक सज्जन से पूछा गया, भाई, आप सत्संग में क्यों नहीं आते हैं?

उस ने जवाब दिया, "मैं सत्संग में अवश्य आऊँगा, लेकिन पहले मैं थोड़े पैसे तो कमा लूँ। मुझे पहले दस लाख रुपये कमा लेने दो, फिर मैं आप से वादा करता हूँ कि सत्संग में हर रोज़ आऊँगा।

उसने दस लाख रुपये कमा लिये, तो कहने लगा: दस लाख रुपये कौन सी बड़ी बात है? जब तक पचास लाख रुपये इकट्ठे नहीं हो जाते, तब तक मैं सत्संग में कैसे आ सकता हूँ? उस सज्जन के पास पचास लाख भी आये, लेकिन कहने लगा, पचास लाख नहीं, मुझे पाँच करोड़ रुपये चाहिये, पाँच करोड़ आ जायें तो फिर मैं सत्संग में आऊँगा। धन तो कमा रहे हैं किन्तु मन फिर भी तृप्त नहीं होता।

एक सत्पुरुष कहते थे कि मनुष्य को जब तृष्णा रूपी प्यास सताती है, तो वह मायावी संसार सागर से खारा पानी पीता है, लेकिन उसकी प्यास बुझती नहीं बल्कि और बढ़ती है। इसलिये वह अधिक पानी पीता जाता है अंत में उसका पेट फट जाता है। भाग्यवान हैं वे इन्सान जिन्होंने प्रभु के नाम रूपी अमूल्य पदार्थ को चखा है और संतुष्ट हो गये हैं।

संत कबीर के बारे में बताया जाता है कि उनका एक पुत्र था, जिसका नाम कमाल था। कमाल तीर्थ-यात्रा के लिये निकलता है। प्रभु नाम का संदेश लोगों तक पहुँचाता है।

कमाल के उपदेश का विष्णुदास नामक व्यक्ति के दिल पर गहरा प्रभाव पड़ता है। उपदेश समाप्त होने पर विष्णुदास कमाल के पास जाता

है और हाथ जोड़कर कमाल से विनती करता है कि कमाल उसके घर आकर कीर्तन करे। कमाल विष्णुदास का निमंत्रण खुशी से स्वीकार करता है। विष्णुदास के घर में बहुत उत्साहिक कीर्तन होता है।

कीर्तन करते-करते लोग अपनी सुध-बुध खो बैठते हैं। जब कीर्तन समाप्त होता है, तब विष्णुदास की आँखों से झर-झर आँसू बहने लगते हैं। वह कमाल के पैरों पर गिर जाता है और उसे एक मूल्यवान शाल और एक हीरा भेंट करता है। कमाल भेंट स्वीकार करके बहुत खुश होता है।

कुछ दिनों के बाद कमाल यात्रा समाप्त कर अपने घर लौटता है। घर आते ही अपने माता-पिता, लोई और कबीर को सारी चीजें दिखाता है, जो उसे भेंट के रूप में विष्णुदास ने दी थीं। कमाल सारी बात का वर्णन अपने माता-पिता से करता है। उस समय संत कबीर एक श्लोक उचारते हैं जिसकी पहली पंक्ति कुछ इस प्रकार है:

"डूबा घर कबीर का, जहाँ जन्मयो पूत कमाल।"

संत कबीर अपने बेटे से कहते हैं, बेटा तू तो हरि नाम को हीरे के दाम में बेच आया है। तुझे मेरे साथ रहने का कोई हक नहीं है।

यह सुनकर कमाल रोने लगता है। अपने पिता से क्षमा माँगते हुए कहता है, पिताश्री, मुझे माफ कर दीजिये, मुझसे भारी भूल हो गयी।

संत कबीर अपने पुत्र से कहते हैं, जल्दी जाकर यह हीरा विष्णुदास को वापस दो और उससे कहो कि अगर सारी दुनिया के हीरे जवाहरात भी इकट्ठे कर लिये जायें तो भी उससे कहीं अधिक अनमोल है, प्रभु का नाम। कमाल विष्णुदास के पास जाकर उसे हीरा वापस दे देता है और खुशी-खुशी घर लौट आता है।

मेरे प्रियजनों! बेशक नाम का मूल्य बहुत बड़ा है। नाम अमूल्य है, उसका मूल्य आंका नहीं जा सकता। इसलिये आप भी प्रभु के नाम का स्वाद चखिये, प्रभु का प्यार चखिये, दुखियों दरिद्रों की सेवा का स्वाद

चखिये।

हम जब इस संसार से विदा लेंगे तो अपने साथ कुछ भी नहीं ले जा सकेंगे। बेशक हम कितना भी पैसा कमा लें, बंगले और कोठियाँ बनवा लें, नये प्रकार की मोटर-गाड़ियाँ खरीद लें, लेकिन संसार के इस भरपूर भंडार से हम कुछ भी नहीं ले जा सकेंगे। हम अपने साथ सिर्फ प्रभु के नाम की शक्ति, जो हमने अपने जीवन में इकट्ठी की है, केवल वही ले जा सकेंगे।

सिकन्दर जिसे विश्व विजेता कहते हैं, तैंतीस वर्ष की छोटी-सी आयु में वह परलोक सिधार गया। अंतकाल के समय उसने अपने प्रियजनों को अपने पास बुलाया और कहा, मेरी मृत्यु के बाद, मेरे दोनों हाथ अर्थी से बाहर निकालना, ताकि लोग देख सकें कि जिस सिकन्दर बादशाह ने सारी दुनिया पर विजय प्राप्त की, वह भी इस दुनिया से खाली हाथ गया, अपने साथ कुछ नहीं ले गया।

हम इस संसार में खाली हाथ आते हैं। लेकिन जब हम यह संसार छोड़ते हैं, तो अपने हाथ भी यहीं छोड़ जाते हैं। इसलिये वह कमाई करो जो आप अपने साथ ले जा सको। आप अपने दूसरे काम-काज अवश्य करें, उनसे मुँह मत मोड़ें। अपना धंधा अच्छी तरह से चलायें, अपने फ़र्ज़ ज़रूर पालन करें, लेकिन साथ-साथ प्रभु के चरण कमलों का ध्यान अपने दिल में धरकर उनसे प्रार्थना करें, हे प्रभु! तुम सिर्फ एक बार मेरी बांह पकड़ लो!

मेरे प्रियजनों! हम अपना अधिक समय काम-काज को देते हैं, काम-काज करना ज़रूरी है क्योंकि यह पृथ्वी है, 'कर्म-भूमि' यह पृथ्वी है 'धर्म-क्षेत्र'। एक-एक को अपना कार्य ज़रूर करना है। एक-एक को अपने फ़र्ज ज़रूर पालन करने हैं। हमें कहीं दूर जाकर एक कोने में नहीं बैठना है। हमें संसार में रहना है लेकिन हमें यह नहीं भूलना चाहिये कि काम हमारा लक्ष्य नहीं है, काम तो सिर्फ एक साधन है।

मेरे प्रियजनों! किसी हद तक काम-काज करना ठीक है, जितना ज़रूरी है उतना करें। काम-काज करते-करते उस मौके के लिये उत्सुकता से निहारें कि कब आप का काम समाप्त होगा और आप जाकर अपने प्रभु, अपने प्रीतम के चरणों में बैठेंगे? जैसे ही कार्य समाप्त हो जाये,अपने प्रभु के चरणों में आकर बैठें, बैठकर उसके कमल मुख की तरफ निहारें, उसकी नीली आँखों का दर्शन करें। इस दर्शन में सब कुछ भूल जायें।

क्या आप ध्यान में बैठना चाहते हैं?आप जब ध्यान में बैठते हैं, तो देखते हैं कि आपका मन बहुत भटक रहा है। मन की भटकन को रोकने के लिये आप प्रभु की नीली आँखों में निहारें, ध्यान में बैठने का यह बहुत सरल मार्ग है। आप उस समय सब कुछ भूल जायेंगे। महबूब की आँखों में पता नहीं क्या है? एक बार अगर हम अपनी आँखें प्रभु की आँखों से मिलायें, तो हम सारी दुनिया भूल जायेंग।

गोपियों के साथ श्याम अपनी लीलायें करते थे। यह छोटा बालक गोपाल उनके साथ शरारातें करता था और गोपियों का दिल बहलाता था। उनके हृदय को अपने वश में कर लेता था। लीलायें करते-करते फिर अचानक यह बाल गोपाल गुम हो जाता और गोपियाँ दीवानी हो जाती थीं। गोपियाँ सब कुछ भुलाकर श्याम को पुकारने लगती थीं । श्याम के वियोग में उनकी आँखों से आँसू बहने लगते थे। ऐसे आँसू अपने प्रीतम की जुदाई में आपने कभी बहाये हैं?

मेरे प्रियजनों! हम भी एक वक्त अपने प्रभु, श्याम के साथ थे लेकिन अब हम वियोग में हैं, जुदाई में हैं। इस जुदाई का दर्द कभी हमारे दिल में उठा है या नहीं? इस दर्द में कभी हमने अपने महबूब को पुकारा है या नहीं? अगर हाँ, तो समझो कि हम आध्यात्मिक राह पर चल रहे हैं, चलकर प्रभु के पास पहुँचेंगे और प्रभु को प्राप्त करेंगे। अगर नहीं तो अभी हम प्रभु से कोसों दूर हैं।

मेरे प्रियजनों ! प्रभु के नाम का स्मरण करें। स्मरण करते-करते एक दिन आपकी आँखें भीग जायें और नयनों से नीर बह निकले, जब ऐसी अवस्था आपकी हो तो बेशक आप भाग्यवान समझे जायेंगे। ये आँसू हमारी आँखों में तब आते हैं, जब हमारे हृदय में प्यास जागृत होती है। इस प्यास में जब हम अपने प्रीतम का नाम उच्चारते हैं तो हम सारे संसार को भूल जाते हैं और नाम के नशे में मस्त हो जाते हैं। नाम अक्षरों की बात नहीं है, नाम तो है वो गहरी प्यास, जो हमारे हृदय में उठती है। जिस प्यास से हम नाम उच्चारते हैं, उस एक को, जो खुद बेनाम है, अनाम है। जिसका कोई नाम ही नहीं है, उसे हम पुकारते हैं। यह प्यार, यह प्यास, यह इश्क, काश हमारे हृदय में जागृत हो।

संत रामकृष्ण बार-बार अपने शिष्यों से कहते थे, प्रभु को आप उस प्यास, उस तड़प से पुकारो जैसे कोई कंजूस सोने के लिये तड़पता है। उस प्यास से प्रभु को पुकारो जैसे एक आशिक अपने माशूक को पुकारता है। सारा समय उसका ध्यान माशूक में लगा रहता है। किसी दूसरी तरफ नहीं जाता। उसी प्यास से आप भी प्रभु को पुकारो। उस बच्चे की तरह, जो अपनी माँ से बिछुड़ गया हो और वह अपनी मां को ढूँढ़ रहा हो: माँ! माँ! तू कहाँ है? चाहे आप उसे कितना भी बहलाने की कोशिश करें, उसे खिलौने दें, मिठाइयाँ दें, उसे कुछ भी अच्छा नहीं लगेगा, उसे तो सिर्फ़ उसकी माँ ही चाहिये। ऐसी प्यास से आप प्रभु को पुकारो! जब ऐसी प्यास हमारे भीतर उठती है तब प्रभु हमसे दूर नहीं रह सकेगा। फिर वह आपके पास दौड़ा-दौड़ा चला आयेगा।

मेरे प्रियजनों! हम भी प्रभु का नाम उच्चारते हैं, लेकिन हमारा नाम उच्चारना टेप रिकार्ड की तरह है। हमारे नाम उच्चारने में न तो वह प्यास है और न ही प्यार है। अपने हृदय में प्रभु के लिये प्यास जगाओ।

कितने लोग कहते हैं, "हम क्या करें? हमारा दिल तो पत्थर की तरह कठोर है, हमारे अंदर तो प्यास उठती ही नहीं हम क्या करें? कुछ दिन पहले, मुझे एक भाई ने पत्र लिखा, उसने लिखा, एक वक्त ऐसा

था कि जब मैं प्रभु का नाम उच्चारता था तो मेरी आँखों से आँसू बहने लगते थे, पर अब मैं नाम उच्चारता हूँ, तो मेरी आँखें सूखी रहती हैं, मैं क्या करूँ?

मेरे प्रियजनों! हमारी आँखें भी सूखी हैं, हमारे दिल भी पत्थर की तरह कठोर हैं। हम क्या करें? प्रभु से हमें माँगना है। प्रभु हमें इसकी बख़्शीश देगा। हम प्रभु से कहें, "प्रभु! हमारे हृदय कठोर हो हैं, हमारी आँखें सूखी हैं। हमारी आँखों को तू नम कर, ताकि जब हम तुझे पुकारें तो उनसे आँसू बहें। हमारे हृदय को तू कोमल बना। उसमें तू भक्ति भर दे ताकि उसमें दर्द उत्पन्न हो। इस दर्द भरे दिल से और आँसू भरी आँखों से हम भी तेरा नाम उच्चारें और तुझे प्यास से पुकारें।"

मेरे प्यारे भाइयो और बहनो, नाम उचारने के लिये हमें कोई खास समय नहीं चाहिये। प्रभु का नाम किसी भी समय उच्चारा जा सकता है। दिन हो या रात, सुबह हो या शाम, दोपहर हो या आधी रात, प्रभात हो या सांझ हो, कोई भी वक्त, कोई भी वेला, किसी भी समय प्रभु का नाम गाया जा सकता है, प्रभु को मिलने का प्रयास करो, दिल में प्यास रखकर उसे पुकारो, वह तुम्हारे पास अवश्य आयेगा, प्रभु के स्वागत की तैयारी करो! इसलिये प्रभु को अधिक से अधिक याद करो, उसके साथ बैठकर बातें करो, तैयारी करो ....इसलिये अपने दिल का हाल उसके चरणों में बैठकर उसे बताओ। तैयारी करो ....इसलिये प्रभु को अपने दिल का अधिक से अधिक प्यार दो। तैयाारी करो .... इसलिये अपना रोज़ का काम-काज प्रभु के चरणों में अर्पण करो। तैयारी करो .... इसलिये उसका रूप, दुःखी दरिद्रों और पशु पक्षियों में देखकर, उनकी प्रेम और श्रद्धा से सेवा करो। तैयारी करो .... इसलिये प्रभु के नाम का बार-बार स्मरण करो।

जिस दिल में प्रभु की याद है, वह दिल हमेशा आबाद है। लेकिन जिस दिल में प्रभु की याद नहीं है, जिस दिल में प्रीतम की याद नहीं है, वह दिल मुरझाये हुए फूल की तरह है। बेहतर हो कि वो मुरझाया

हुआ फूल तोड़कर फ़ेक दिया जाय। आज से यह प्रण करो कि हर रोज़ बूंद-बूंद करके आप कमाई करते जायेंगे। फिर जब आपके पास अंतकाल आयेगा, तो आप कंगाल नहीं होंगे। आप भी धनवान होकर इस संसार से विदा लेंगे।

देखिये, हम किन बेकार की बातों के पीछे अपना अमूल्य समय व्यर्थ ही गँवा रहे हैं। अभी भी वक्त नहीं गुज़रा है। इस समय भी आप सचेत होकर प्रभु का मीठा नाम जप सकते हैं। आपकी उम्र बीती जा रही है। प्रभु को याद करके, उसका ध्यान करो, ऐसा न हो कि अंतकाल आये और आपने नाम का धन इकट्ठा न किया हो।

"सिमरन कर ले मोरे मना, तेरी बीती उम्र हरि नाम बिना!"

हममें से एक-एक की उम्र बीती जा रही है। हमारा शरीर एक मटकी की तरह है। इस मटकी में श्वास पड़े हैं। किसी के दस करोड़ श्वास पड़े हैं, तो किसी के पचास करोड़, तो किसी के सौ करोड़। एक-एक करके मटकी में से श्वास निकलते जा रहे हैं! अंतिम श्वास मटकी से बाहर निकलेगा और मटकी टूटकर नीचे गिर जायेगी।

संतों और सत्पुरुषों ने हमें यही शिक्षा दी है कि हमें अपने एक-एक श्वास को नाम से भरना चाहिये। एक भी श्वास व्यर्थ नहीं जाना चाहिये। श्वासों को नाम से भरते जाइये। एक दिन आप धनवान बन जायेंगे। "जिन चाख्या, से जन तृप्तानी, पूरन पुरख नहीं डोलानी!"

ॐ, शान्ति! शान्ति! शान्ति!

15

दु:ख की दवा मिलेगी?

मेरे प्यारे भाइयां और बहनो, आप सब को मेरा हार्दिक प्रणाम!

संसार में जहाँ भी नज़र दौड़ायेंगे, वहाँ दु:ख ही दु:ख दिखाई देगा। करोड़पति मुझसे मिले हैं, जिन्हें देखकर आप कहेंगे कि इन से ज़्यादा सुखी और कौन होगा, पर आँखों में आँसू भर करके वे भी कहते हैं हम दुखी हैं। जिस ओर देखिये, आप को चारों ओर दु:ख ही दु:ख दिखाई देगा। हर चेहरे पर एक ही प्रश्न दिखाई देगा। हर चेहरे पर एक ही प्रश्न चिन्ह होगा, दु:ख की दवा मिलेगी? दु:ख की कोई दवा मिलेगी? ये सवाल गौतम बुद्ध के हृदय में भी उठा था।

गौतम बुद्ध ने राज घराने में जन्म लिया। उसके पिता का नाम था, राजा शुद्धोधन और माता का नाम माया रानी था। वह अपने माता-पिता का इकलौता बेटा था, एक ही राजकुमार। राजा उससे बहुत प्यार करता था। पर राजा ने जब ज्योतिषियों से उसकी जन्मपत्री बनवाई, तो उन्होंने राजा से कहा, राजन! आप के घर में एक अद्‌भुत बालक का जन्म हुआ है। या तो यह चक्रवती राजा बनेगा या फिर यह फ़कीर बनेगा, जो लाखों को मुक्ति की राह पर ले जायेगा। राजा ये बात सुनकर कहता है, मेरा बेटा फकीर कैसे बन सकता है? मेरा बेटा तो चक्रवती राजा ही बनेगा, मैं उसे महल में इतने सुख दूँगा कि उसका ध्यान फ़कीरी की ओर जायेगा ही नहीं।

राजा ने उसके लिये अलग-अलग मौसम के लिए अलग-अलग महल बनवाये। गर्मी के मौसम में उसे ऐसे महल में रखते थे, जहाँ ठंडी हवायें चलती थीं। सर्दी के मौसम में ऐसे महल में रहता था, जहाँ उसे सर्दी महसूस नहीं होती थी। इस प्रकार उसके जीवन में हर तरह का ऐशो-आराम मौजूद था। जैसे-जैसे गौतम बड़ा होने लगता है, संसार में लोगों को दुःखी देखकर सोचता है,जहाँ भी देखो, दुःख ही दुःख है। ये संसार जिसे सुख सागर कहते हैं, इस में कितना दुःख है। अमीर दुःखी, गरीब दुःखी। राजा दुःखी, रंक दुःखी, पढ़े-लिखे दुःखी, अनपढ़ दुःखी। हर कोई दुःखी है। क्या इस दुःख की कोई दवा मिलेगी? दवा ज़रूर होगी, दुःख है तो दवा भी होगी। वह बार-बार जाकर किसी पेड़ के नीचे या नदी किनारे बैठा विचार करता था, "दुःख की कोई दवा मिलेगी?"

राजा देखता है, मेरा बेटा अक्सर एकांत में अपना समय बिताता है। उसे ख्याल आता है कि कहीं वह महल के सुख छोड़कर चला न जाये। कहीं उसे वैराग्य न हो जाये। गौतम का मन फेरने के लिए उसका विवाह एक खूबसूरत राजकुमारी यशोधरा से करवा देते हैं। थोड़ा समय गौतम का दिल रम जाता है, फिर वही हालत। "दुःख की कोई दवा मिलेगी?"

एक दिन आँखों में आँसू भरकर राजा अपने पुत्र से कहता है, "बेटा! जो चाहते हो, तुम्हारे लिए इस महल में हाज़िर कर दूँगा, पर एक बार भी महल छोड़कर फ़कीर बनने का विचार अपने दिल में मत लाना।" तब गौतम अपने पिता से कहता है, आप यदि तीन बातों का मुझे विश्वास दिलायें, तो मैं महल छोड़कर नहीं जाऊँगा।

राजा ने पूछा,"वे तीन बातें कौन सी हैं?"

गौतम ने कहा, पहली बात ये, कि मैं कभी बीमार नहीं पड़ूंगा। दूसरी बात, मैं कभी भी वृद्ध नहीं होऊँगा और तीसरी बात, मृत्यु मुझे

कभी छू नहीं पायेगी।

तब राजा ने कहा, इन तीनों बातों का विश्वास मैं तुम्हें कैसे दिला सकता हूँ? मुझे देखो, मैं स्वयं बार–बार बीमार पड़ता हूँ। मैं कैसे कह सकता हूँ कि तुम वृद्ध नहीं होगे, जब कि मेरे चेहरे पर झुर्रियाँ आने लगी है, मेरे बाल सफेद हो रहे हैं। मैं तुम्हें कैसे विश्वास दिला सकता हूँ कि तुम्हारी मृत्यु नहीं होगी, क्योंकि संसार का एक नियम है कि जो पैदा हुआ है, वह मरेगा ज़रूर।

तब गौतम कहता है, मुझे अपने प्रश्नों के उत्तर चाहिये। मैं उनकी खोज में निकलना चाहता हूँ । मेरा प्रश्न है,"दुःख की कोई दवा मिलेगी? अठारह साल की उम्र में गौतम का विवाह हुआ और नौ साल बाद उनके यहाँ एक शिशु ने जन्म लिया। किंतु गौतम ये खबर सुनकर खुश नहीं हुआ। कहता है बेटे का नाम 'राहुल' रखिये। 'राहुल' शब्द का अर्थ है 'जंज़ीर'। ये बेटा मेरी ज़ंजीर बनकर आया है। मुझे इस संसार से बांधना चाहता है, पर बांध नहीं पायेगा। इस जंज़ीर को मैं तोडूँगा, अब मुझे चलना चाहिये।

आधी रात को उठता है, धर्मपत्नी की ओर देखता है, जो सोयी हुई थी। उसकी बाहों में राहुल भी सोया था। गौतम के मन में विचार उठता है, एक बार तो बालक को प्यार कर लूँ, पता नहीं फिर कब मिलना हो? फिर सोचता है, यदि बच्चा उठ गया, तो मेरा जाना मुश्किल हो जायेगा। वह अपने पुत्र और यशोधरा पर दृष्टि डालकर महल से निकल पड़ता है।

मेरे प्यारे भाइयो और बहनो, सारी दुनिया दुःख के चक्कर में पिस रही है। संत कबीर कहते हैं:

चलती चक्की देखकर, दिया कबीरा रोय,

दो पाटन के बीच में, साबित रहा न कोय!

सुबह होती है तो सब देखते हैं कि गौतम महल में नहीं है। राजा

शुद्धोधन यह सुनकर सह नहीं पाते और बेहोश हो जाते हैं। वज़ीर गौतम की तलाश में निकलते हैं। तलाश करते-करते वे गौतम तक पहुँच जाते हैं और उनसे कहते हैं, "यदि आप वापस नहीं चलेंगे तो आप के पिताजी दम तोड़ देंगे और उनकी मृत्यु का पाप आपको लगेगा, इसलिए जब तक आप के पिताजी ज़िंदा हैं, तब तक आप महल में ही रहिये।" ऐसी बात सुनकर पहले गौतम का दिल दहल जाता है। सोचता है, पिता की हत्या का इलज़ाम मेरे सिर पर होगा। किंतु वह अपने भीतर आवाज़ सुनता है कि पिता को क्या तुमने ज़िंदा रखा है, पिता को प्राणदान क्या तुमने दिये हैं?

मेरे प्रियजनों, श्वास छोड़ना हमारे हाथ में है, पर श्वास लेना हमारे हाथ में नहीं है। जो श्वास अंदर गया है, वह निकलेगा जरूर, पर दूसरा श्वास हम ले पायेंगे या नहीं, वह हमारे हाथ में नहीं है। एक समय आयेगा, जब आखिरी श्वास भी निकल जायेगा। ये शरीर एक मटकी है, मटकी में श्वास पड़े हैं। खाने के बिना भले तुम सौ दिन तक ज़िंदा रह लो, पर श्वासों के बिना तुम एक पल भी ज़िंदा नहीं रह पाओगे। दिन को तो तुम अपने प्राणों की देख-भाल कर सकते हो, पर रात को कौन देख-भाल करता है?

गौतम कहता है, जो रात को श्वासों की देख-भाल करता है, वह दिन में भी मेरे पिता के प्राणों की रक्षा करेगा। यदि पिताजी बेहोश हैं, तो मैं कौन हूँ, जो उन्हें संभालूँगा। उनकी देख-भाल करने वाला प्रभु बैठा है। वह दृढ़ निश्चय करता है कि जब तक मुझे मेरे प्रश्न का उत्तर नहीं मिलेगा, मैं वापस नहीं लौटूँगा। फिर कठिन तपस्या करता है। एक बार उसने अपने भिक्षुओं से कहा, एक समय था जब दिन में, मैं केवल पाँच चावल के दाने खाता था। फिर कम कर चार खाने लगा। फिर तीन दाने, फिर दो दाने फिर उस से भी कम करके केवल एक दाना खाता था। फिर एक दाना चावल खाना भी छोड़ दिया। केवल गाय का थोड़ा सा गोबर खाने लगा। एक ही सवाल मेरे मन में चल रहा था,

दुःख की कोई दवा मिलेगी?

वह आगे कहता है, एक दिन मैं एक पेड़ के नीचे बैठा था। एक गाने वाली लड़की वहाँ से गुज़री, जो अपने गीत में कह रही थी–अपने सितार की तारों को न ज्यादा कस के रखो क्योंकि ज़्यादा कसने से वे टूट जायेंगी और न ही उन्हें ज़्यादा ढीला छोड़ो क्योंकि ज्यादा ढीली रहेंगी, तो उस से सुर नहीं फूटेंगे। तारों को न ढीला छोड़ो, न ही ज्यादा कसकर रखो। गौतम सोचता है, ये गाने वाली उसे सिखा रही है। मैंने अब तक अपने शरीर की तारों को खींचकर रखा है, मैंने बहुत कठिन तपस्या की है। आज मुझे जो कुछ मिलेगा मैं खाऊँगा।

उस गाँव के मुखिया की बेटी, जो नदी के उस पार रहती थी, उस की इच्छा थी कि उसे एक बेटा हो। गौतम जिस वृक्ष के नीचे बैठा था, उस वृक्ष के बारे में लोगों की यह आस्था थी कि उस वृक्ष से जो भी माँगोगे वह मिलेगा। उस लड़की ने वृक्ष की पूजा की और मन्नत माँगी, हे वृक्ष देवता! जब मुझे बेटा होगा तो मैं सोने की कटोरे में खीर बनाकर तुम्हें अर्पण करूँगी।

जब उसे बेटा हुआ तब वह सोचती है, अब मुझे वृक्ष देवता को सोने के कटोरे में खीर भेंट करनी है। वह सोने के कटोरे में खीर लेकर आती है। उस समय गौतम वहाँ बैठा था। उसने इतनी तपस्या की थी कि उसका शरीर सूखकर कांटा हो गया था। मुखिया की बेटी ने समझा ये वृक्ष देवता है। इस रूप में मेरी खीर ग्रहण करने आया है। उसने गौतम के चरणों में सोने का कटोरा रखा, जिसमें खीर पड़ी थी। गौतम ने सोचा था, जो कुछ भी मिलेगा, मैं खाऊँगा। वह खीर पी गया। सामने नदी थी, गौतम ने नदी में सोने का कटोरा फेंक दिया और मन में सोचा, यदि ये कटोरा नदी के उस पार पहुँच गया, तो मेरे सवाल का उत्तर मुझे आज ही मिलेगा। यदि कटोरा डूब गया, तो आज उत्तर नहीं मिलेगा। वह एकटक उस कटोरे को देखने लगा। उसने देखा कटोरा पार पहुँच गया। उसने सोचा आज मुझे उत्तर ज़रूर मिलेगा।

उसी रात गौतम को उत्तर मिला उसे पता चल गया कि दु:ख का कारण क्या है? दु:ख का कारण है तृष्णा। जहाँ तृष्णा है, वहाँ दु:ख जरूर होगा। यदि हमें दु:ख की दवा चाहिये, तो तृष्णा से आज़ाद हो जायें। एक-एक मनुष्य के मन में कोई न कोई तृष्णा जरूर होती है। हम तृष्णाओं से चिपके हुए हैं। किसी को मोटर-गाड़ी की तृष्णा, किसी को बंगले की चाह, किसी को लड़की की तो किसी को लड़के की। ये तृष्णा इतनी प्रबल है कि इन्सान की भूख, प्यास, नींद सब चुरा लेती है।

जहाँ-जहाँ तृष्णा है, वहाँ-वहाँ दु:ख है। तृष्णा है दु:ख का बीज, दु:ख का कारण, तृष्णाओं को तर्क करो। तुम्हें उसे कहना होगा, खबरदार! यदि तुम मेरे करीब आई तो, तेरे लिए मेरे पास कोई जगह नहीं है क्योंकि मेरी सारी जगह कृष्णा से भरी हुई है। संसार में ये दो शक्तियाँ हैं। एक तृष्णा की शक्ति और दूसरी कृष्णा की शक्ति है। जहाँ कृष्णा की शक्ति है, वहाँ तृष्णा की शक्ति टिक नहीं पायेगी।

दो शक्तियाँ हैं। एक शक्ति को कहते हैं इच्छा, दूसरी को आकांक्षा। इच्छा मनुष्य को सांसारिक चीजों की ओर ले जाती है। आकांक्षा प्रभु के लिये स्नेह, प्यार, प्यास, मुहब्बत उत्पन्न करती है।

राजा भोज भारत का सबसे बड़ा राजा था। रोज़ उसके यहाँ बड़ा दरबार लगता था। उस दरबार में बड़े-बड़े विद्वान होते थे। उसके दरबार का नाम दूर-दूर देशों में फैल गया। दूर-दूर से लोग उसके दरबार में अपने प्रश्न लेकर आते थे। उनके सवालों के उत्तर राजा के दरबार में बड़े-बड़े विद्वान देते थे।

एक दिन एक व्यक्ति सवाल लेकर आया। उसने कहा, राजन! मुझे इस सवाल का उत्तर चाहिये। वह कौन सा कुआँ है, जिसमें एक बार इन्सान गिर जाये तो निकल नहीं पायेगा? दरबार में लोगों ने कितने ही कुओं के नाम लिये, जो बेहद गहरे थे, जिनके अंदर जाने के बाद

इन्सान का निकलना मुश्किल था। मगर राजा के मन को किसी का भी उत्तर नहीं भाया। उसने एक दरबारी को बुलाया, उससे कहा, तुम मेरे प्रिय हो, अब तक जिन सवालों का उत्तर कोई नहीं दे सका है, उनके उत्तर तुमनें दिये हैं, इसके लिए तुमने कितने सारे इनाम भी पाये हैं। अब मैं तुम्हें एक हफ्ते की मौहलत देता हूँ, यदि एक हफ्ते के अंदर तुम इसका सही जवाब नहीं लाये, तो मैं तुमसे वे सारे इनाम वापस ले लूँगा और तुम्हें देश निकाला दूँगा।

वह दरबारी राजा का हुक्म सुनकर घबरा गया। जब दिमाग बेचैन होता है तो वह कुछ सोच नहीं पाता। उसके मन में द्वंद युद्ध चलने लगा कि यदि मैं एक हफ्ते में उत्तर नहीं दे पाया, तो राजा मुझे देश निकाला देगा। मेरा सारा सम्मान मिट्टी में मिल जायेगा। सोचता हूँ, बाहर जाकर कहीं ताज़ी हवा खाऊँ, प्रकृति की गोद में जाकर ठंडे दिमाग से सोचूँ, पर उसका दिमाग वहाँ भी काम नहीं कर रहा था।

वहाँ से एक भेड़ चराने वाला गुज़रा। उसने दरबारी को देखा, तब चरवाहे ने उससे कहा, दरबारी मैं तुम्हें पहचानता हूँ, तुम तो राजा भोज के दुलारे हो, पर आज तुम्हारा चेहरा मुरझाया हुआ है, इसका क्या कारण है? किस चिंता में डूबे हो? राजा भोज तुम्हारे साथ हैं, फिर तुम्हें किस बात की चिंता?

दरबारी ने उत्तर दिया, कुछ मत पूछो।

चरवाहे ने कहा फिर भी बताइये तो सही। शायद मैं तुम्हारी कुछ मदद कर सकूँ।

दरबारी ने कहा, मेरा ही दिमाग काम नहीं कर रहा है, तुम क्या मदद करोगे?

चरवाहे ने कहा, फिर भी बताइए, भले ही मैं पढ़ा-लिखा नहीं हूँ। पर मैं संतों की संगति में रहा हूँ। हो सकता है, मैं तुम्हारी कोई मदद कर सकूँ। कह दो, कहने में तुम्हारा कुछ नुकसान तो होगा नहीं।

तब दरबारी ने बताया, राजा ने सवाल पूछा है, वह कौन सा कुआँ है, जिसमें एक बार इन्सान गिर जाये तो फिर निकल नहीं पायेगा? मुझे इस सवाल का उत्तर एक हफ्ते में देना है। उसमें से छ: दिन बीत चुके हैं, बाकी एक दिन रह गया है। यदि इसका मैंने सही उत्तर नहीं दिया तो राजा मेरे सारे इनाम वापस ले लेगा और मुझे देश निकाला दे देगा।

चरवाहे ने कहा, तुम्हारे सवाल का उत्तर मैं तुम्हें बाद में दूँगा। तुम ने कहा, यदि इस सवाल का जवाब तुम ने एक हफ्ते के अंदर नहीं दिया, तो तुम्हारा मान-सम्मान मिट्टी में मिल जायेगा, तो मैं तुम्हें इसका हल बताता हूँ। मेरे पास पारस है, पारस वह पत्थर होता है, जिसे लोहे पर घिसा जाये, तो लोहा सोना बन जाता है। मैं तुम्हें पारस दूँगा, तुम राजा भोज की फिक्र क्यों करते हो? इसे पाने के बाद लाखों राजा भोज तुम्हारे दर पर भिखारी बनकर खड़े रहेंगे। तुम्हें सिर्फ घिसना है, सारा लोहा सोना हो जायेगा। सारी दुनिया में तुम सबसे अमीर हो जाओगे।

दरबारी इस बात को सुनकर कहता है, मुझे वह पारस दो। चरवाहे ने कहा, पारस दूँगा, पर एक शर्त है, तुम्हें मुझे अपना गुरु बनाना होगा। उस दरबारी ने विचार किया और कहा, ये हो नहीं सकता क्योंकि शास्त्रों में लिखा है, कोई भी ऊँची जाति का इन्सान अधम जाति वाले को अपना गुरु नहीं बना सकता। तुम चरवाहे हो और मैं हूँ ब्राह्मण पंडित, मैं तुम्हें अपना गुरु कैसे बनाऊँगा?

चरवाहे ने कहा, कोई बात नहीं है, फिर मैं तुम्हे पारस नहीं दे सकता।

फिर से दरबारी के मन में द्वंद युद्ध छिड़ गया। एक तरफ पारस था, दूसरी ओर उस चरवाहे को गुरु बनाना। आखिर उसने कहा, ठीक है, मैं तुम्हें गुरु बनाता हूँ।

चरवाहे ने कहा, अब तुमने मौका खो दिया। अब दूसरी बात करनी होगी। तुम्हें भेड़ का दूध पीना होगा। अब ब्राह्मण को भेड़ का दूध

पीना भी मंजूर नहीं था। शास्त्रों में लिखा है, ब्राह्मण बकरी का दूध तो पी सकता है, पर भेड़ का दूध नहीं पी सकता। दरबारी ने कहा: ये मैं कैसे कर सकूँगा, भेड़ का दूध तो मैं पी ही नहीं सकता मैं ब्राह्मण हूँ। चरवाहे ने कहा, दूध नहीं पीता है, मुझे कोई परवाह नहीं है, पारस तुम्हें नहीं मिलेगा। थोड़े सोच विचार के बाद दरबारी ने कहा, ठीक है, मैं तुम्हें गुरु बनाने के लिए भी तैयार हूँ और भेड़ का दूध पीने के लिए भी तैयार हूँ।

चरवाहे ने कहा, ये मौका भी तुमने गँवा दिया। अब तुम्हें भेड़ का दूध पीना पड़ेगा, जिसे पहले मैं पिऊँगा। यानी मेरा झूठा दूध पीना पड़ेगा। दरबारी ने कहा, झूठा दूध मैं कैसे पी सकता हूँ? मैं पंडित, मैं ब्राह्मण, मैं झूठा दूध नहीं पीऊँगा। चरवाहे ने कहा, कोई बात नहीं, मत पिओ, तुम्हें पारस नहीं मिलेगा। मज़बूर होकर दरबारी ने कहा ठीक है, मैं तुम्हारा झूठा दूध भी पीने को तैयार हूँ। चरवाहे ने कहा, अब ये मौका भी तुम खो चुके। अब आखिरी मौका मैं तुम्हें देता हूँ। मैं भेड़ का दूध, सामने जो मरे हुए इन्सान की खोपड़ी का कंकाल पड़ा है, उसमें डालूँगा। फिर पहले मैं उसे पीऊँगा, फिर कुत्ते को पिलाऊँगा, फिर तुम्हें पीना होगा।

पंडित ने सोचा अब कहीं तो रुकना चाहिये। हर बार मेरे ना कहने पर बातें और भी कठिन होती जा रही हैं। उसने कहा, बेशक है तो कठिन, पंडित तो जिस घर में मौत हो जाती है, उस घर का पानी भी बारह दिन तक नहीं पीते हैं। खोपड़ी के कंकाल में पड़ा हुआ दूध, फिर उस दूध को चरवाहा झूठा करेगा, उसके बाद कुत्ता दूध पियेगा, उसके बाद मैं पीऊँगा, बड़ी कठिन बात है। पर उसने कहा मुझे स्वीकार है, मैं पीने को तैयार हूँ। मुझे पारस ज़रूर दो। तब चरवाहे ने कहा, ये है, वह कुआँ जिसमें तुम एक बार गिर गये, तो निकल नहीं पाओगे। तुम्हें चाहे कितना भी धर्म और शास्त्रों का ज्ञान हो, किंतु एक बार तृष्णा के कुएँ में गिर गये तो निकल नहीं पाओगे।

मेरे प्यारे भाइयां और बहनो, तृष्णा से दूर रहो, कैसे दूर रहें? बस एक बात याद रखिये। दुःख का कारण है तृष्णा, दुःख की दवा है तृष्णा से आज़ाद होना है। यदि तृष्णाओं से बिलकुल आज़ाद नहीं हो सकते हैं, पर कम अवश्य कर सकते हैं। तृष्णाओं से तुम लड़ नहीं सकते इसलिए कृष्ण को पुकारो, हे कृष्णा, तुम आओ! कृष्णा आयेगा, तृष्णा स्वयं भाग जायेगी।

"दुःख की कोई दवा मिलेगी?" दुःख की दवा है तृष्णाओं से दूर रहना। प्रभु! हमें आशीष दो कि हमारी तृष्णायें कम होती जायें। इसलिए हे कृष्ण! श्याम सुंदर! यदि तुम मेरे हृदय में बस जाओ, तो तृष्णा गुम हो जाये।

ॐ शांति! शांति! शांति!

16

कच्च और देवयानी

मेरे प्यारे भाइयो और बहनो, आप सब को मेरा हार्दिक प्रणाम!

प्राचीन पुस्तकों में बताया गया है कि एक समय था जब पृथ्वी पर देवता, दैत्य और मनुष्य रहते थे। अकसर देवताओं और दैत्यों के बीच लड़ाई होती रहती थी। दैत्य चाहते थे कि उन्हें तीनों लोकों का राज्य मिले, देवलोक पर भी वे विजय प्राप्त कर लें। देव उनके दास बनकर रहें। इसलिए दैत्य हजारों वर्ष तक वन में जाकर तपस्या करते और अपने अंदर छिपी शक्तियाँ उजागर करते थे। फिर उन शक्तियों का वे दुरुपयोग करते थे। असुरों में दो बातें होती हैं—एक निर्दयता और दूसरा अहंकार। देवताओं को दैत्यों का सदा भय लगा रहता क्योंकि वे कभी भी देवलोक पर हमला कर देते थे।

देवताओं के गुरु बृहस्पति थे और दैत्यों के गुरु शुक्राचार्य। शुक्राचार्य ने अपनी तपोशक्ति द्वारा संजीवनी मंत्र की सिद्धी प्राप्त की थी, जिससे वह मृत लोगों को फिर से जीवित करता था। गुरु बृहस्पति को यह सिद्धी प्राप्त नहीं थी। जब देवताओं और दैत्यों के बीच युद्ध होता था तो गुरु शुक्राचार्य अपने संजीवनी मत्रं द्वारा सारे मृत दैत्यों के शरीरों में फिर से प्राण डालकर उन्हें जीवित कर लेता। इसी कारण देवता हमेशा दैत्यों से भयभीत रहते थे।

एक दिन सब देवता अपने गुरु बृहस्पति के पास आते हैं और उनसे

विनती करते हुए कहते हैं–गुरुदेव! आप भी संजीवनी मंत्र की शक्ति क्यों नहीं प्राप्त कर लेते? फिर आप भी हमारे मृत सैनिकों को नवजीवन प्रदान कर सकेंगे। इस पर गुरु बृहस्पति कहते हैं–इस मंत्र का ज्ञान केवल शुक्राचार्य को ही है, किसी और को नहीं। यह बात मेरे बस के बाहर है। तभी देवता कहते हैं–गुरुदेव! कृपया कोई युक्ति बतायें, जिससे हमें भी इस मंत्र का ज्ञान प्राप्त हो। तब गुरु बृहस्पति कहते हैं–केवल एक उपाय है। यदि कोई व्यक्ति जिज्ञासु बनकर गुरु शुक्राचार्य की शरण में जाये और बड़ी लगन से उनकी सेवा करे। हो सकता है, शुक्राचार्य प्रसन्न होकर उसे वरदान माँगने को कहे, तब जिज्ञासु उससे संजीवनी मंत्र माँग सकता है। इस तरह संजीवनी मंत्र मिल सकता है।

देवता आपस में मिलकर फैसला करते हैं और गुरु बृहस्पति के पास आते हैं, गुरुदेव! हमारी नज़र में तो सिर्फ एक ही ऐसा बालक है, जिस पर शायद शुक्राचार्य की कृपा हो जाये और वह उसे संजीवनी मंत्र दे। गुरु बृहस्पति पूछते है–वह कौन है? देवता कहते हैं, गुरुदेव! वह है आपका पुत्र कच्च। आपका पुत्र कच्च बड़ा ही होनहार और गुणवान है, अपने गुणों द्वारा कच्च जिसके साथ भी संबंध रखता है, वह उस पर मोहित हो जाता है। अगर आप अनुमति दें, तो आपका पुत्र शुक्राचार्य के पास जाकर रहे और उसे प्रसन्न करके, उससे इस मंत्र का राज़ जाने। यह राज़ केवल कच्च ही प्राप्त करने में सफल हो सकता है। गुरु बृहस्पति कुछ देर सोचते हैं। वे नहीं चाहते थे कि उनका पुत्र, जिसे वे दिल व जान से प्यार करते हैं, उसे असुरों के देश भेजें। वे सोचते हैं, पता नहीं दैत्य उनके पुत्र के साथ कैसा व्यवहार करें? किंतु गुरु बृहस्पति की यही शिक्षा थी कि अपने देश के लिए जो भी कुर्बानी देनी पड़े, उससे पीछे नहीं हटना चाहिए। इसलिए बृहस्पति कहते हैं–मैं तैयार हूँ, बेशक तुम कच्च को शुक्राचार्य के पास भेजो। वहाँ जाकर वह उसकी सेवा करे, उसके चरणों में जाकर ज्ञान प्राप्त करे और अगर प्रभु की इच्छा होगी तो एक दिन वह संजीवनी मंत्र का राज़ हासिल करके

वापस हमारे पास आयेगा।

देवता कच्च से मिलते हैं और कहते हैं, कच्च! तुम बहुत सुंदर हो, तुम्हारा चेहरा हसीन है और तुम बुद्धिमान और गुणवान भी हो। एक बार तुम जो बात सुन लेते हो, वह तुम्हें जिंदगी भर के लिये याद हो जाती है। तुम जाकर शुक्राचार्य के आश्रम में रहो। उनकी सेवा करो और उनकी आज्ञा का पालन करो। हो सकता है, एक दिन वे तुम्हें संजीवनी मंत्र दे दें। देवता कच्च को बताते हैं कि शुक्राचार्य की एक पुत्री है जिसका नाम देवयानी है और उनके प्राण उस पुत्री में अटके हुए हैं। तुम उससे अच्छे संबंध बनाये रखना और उसकी भी सेवा करना क्योंकि अगर तुम चाहते हो कि शुक्राचार्य के दिल में तुम्हें स्थान मिले, तो उस दिल का दरवाज़ा है देवयानी। उसे हमेशा प्रसन्न रखने की कोशिश करना।

कच्च शुक्राचार्य के आश्रम में आता है। शुक्राचार्य के चरणों में सिर झुकाता है। कहता है, गुरुदेव मेरा नाम कच्च है और मैं गुरु बृहस्पति का पुत्र हूँ। मैं आपके पास शिक्षा ग्रहण करने आया हूँ। शुक्राचार्य हँसते हुए कहते हैं, तुम बृहस्पति के पुत्र हो, फिर तुम मेरे पास शिक्षा लेने क्यों आये हो? मेरे पास ऐसा क्या है, जो मैं तुम्हें दे सकता हूँ और तुम्हारे पिता तुम्हें नही दे सकते? फिर भी मेरे पुत्र, मेरे आश्रम में तुम्हारा स्वागत है। हमें ऐसी शिक्षा दी गयी है कि कोई भी विद्यार्थी अगर सच्चे मन से शिक्षा लेने आये तो गुरु को कोई हक नहीं कि वे उसे लौटा दें।मेरे पुत्र! तुम्हारी आँखों से साफ दिखाई दे रहा है कि तुम बड़ी भक्ति और श्रद्धा से मेरे पास आये हो। तुम एक नेक और बुद्धिमान बालक हो।

कच्च शुक्राचार्य से कहता है—गुरुदेव! मैं आपकी सेवा करना चाहता हूँ। आप जो भी कहें, वह मैं करने के लिए तैयार हूँ। शुक्राचार्य उसे कहते हैं—मेरे बालक! मैं तुम्हें कोई कठिन सेवा नही दूँगा। तुम्हारा शरीर कोमल है, तुम्हारा मुख सुंदर है। तुम सिर्फ एक ही काम करो। मैं रोज़ पूजा प्रार्थना करता हूँ, और उसके लिए मुझे फूलों की ज़रूरत होती है।

तुम जंगल में जाकर मेरे लिए फूल तोड़ लाना। मेरे पास कई गायें हैं, उन्हें तुम चराने के लिए जंगल में ले जाना। मैं रोज़ हवन करता हूँ, उसके लिये तुम मुझे जंगल से लकड़ियाँ लाकर देना। तुम सब जिम्मेदारी और समझदारी से करोगे, इसलिए यह काम मैं तुम्हें सौंपता हूँ।

अब कच्च शुक्राचार्य के आश्रम में रहने लगता है। उन दिनों आश्रम को गुरुकुल कहते थे। गुरुकुल का अर्थ है, गुरु के कुल का। कच्च उस परिवार का एक सदस्य बनकर रहता है। वह भक्ति, श्रद्धा और विश्वास से अपने गुरु की सेवा करता है। रोज़ वन से पुष्प तोड़कर लाता है। वह गुरु को अच्छे से अच्छे फूल लाकर देता ताकि वे उनका नित्य पूजा में उपयोग कर सकें। रोज़ गायों को चराने के लिए लेकर जाता था। वे जंगल में चरती रहती थीं और कच्च एक पेड़ के नीचे बैठकर अपने प्रभु से बातें करता था। वह अपना काफी समय ध्यान में बिताता था। सांझ ढले वह आश्रम लौट आता और अपने गुरु के चरणों में सिर झुकाता था। लौटते समय वह जंगल से हवन के लिए लकड़ियाँ भी लेकर आता था।

शुक्राचार्य की लाडली पुत्री देवयानी पहले ही दिन से कच्च पर अपना दिल हार बैठी। वह मन ही मन सोचती है कि कच्च कितना सुशील और हसीन है। उसकी आँखों में एक अनोखी चमक है। मैंने ऐसा युवक आज तक नहीं देखा। शाम के समय यदि कच्च को लौटने में थोड़ी देर हो जाती, तो वह खिड़की से उसके इंतज़ार में आँखें बिछाये खड़ी रहती। सोचती थी, कब कच्च आयेगा और मुझ से बातें करेगा, मेरे साथ खेलेगा क्योंकि वे दोनों अक्सर बातें करते थे, खेलते थे, साथ-साथ गाते और नाचते थे। कच्च देवयानी को अपनी बहन मानता था। वह सोचता था, हम एक ही गुरुकुल के हैं। यह गुरु की पुत्री है और मैं गुरु का पुत्र हूँ।

थोड़े ही समय में असुरों को यह पता चल जाता है कि कच्च गुरु शुक्राचार्य के पास किस काम के लिये आया है। वे नहीं चाहते थे कि

कच्च गुरु के आश्रम में रहे। वे यही सोचते रहते थे कि कच्च को गुरु के आश्रम से कैसे निकाला जाये, वे देख रहे थे कि गुरु का विश्वास कच्च पर कुछ ज़्यादा ही है, देवयानी भी कच्च से प्यार करने लगी है। वे सोचते हैं, कच्च को आश्रम से निकालना तो मुश्किल होगा। लेकिन एक रास्ता है, हम इसे मार डालें।

एक दिन कच्च जंगल में बैठा था। गायें घास चर रही थीं। कच्च आँखे बंद कर ध्यान में बैठा था। देखो असुर क्या करते हैं? असुर जंगल में आकर तरह-तरह की भयानक आवाजें करते हैं। उन की आवाज से कच्च की आँखें खुल जाती हैं। सारे असुर कच्च को पकड़कर उसके टुकड़े-टुकड़े कर देते हैं और आपस में कहते हैं, अगर हम इसे मार कर इसके शरीर को यहीं छोड़ देंगे, तो गुरु शुक्राचार्य संजीवनी मंत्र द्वारा इसमें प्राण फूँककर इसे ज़िंदा कर देंगे। इसलिए अच्छा यही होगा कि हम इसके टुकड़े-टुकड़े करके इसका मांस जानवरों को खिला दें। असुर, बेचारे कच्च के टुकड़े-टुकड़े कर देते हैं और जंगली जानवरों को खिला देते हैं। एक भी टुकड़ा नही छोड़ते।

संध्या के समय गायें आश्रम लौटती हैं। देवयानी इंतजार में खड़ी है और देख रही है कि सब गायें आ रही हैं, पर कच्च दिखाई नहीं देता, आखिर कच्च क्यों नही आया? देवयानी रोने लगती है और आकर अपने पिताजी से कहती है, पिताजी सब गायें लौट आई हैं, पर कच्च नही लौटा, हो सकता है वह कहीं गुम हो गया हो, या फिर उसे किसी ने मार दिया हो। मैं कच्च के बिना नही रह सकती। पिताजी, आप मुझे इतना चाहते हैं, पर मैं आपको सच बताती हूँ, मैं आपसे बहुत प्यार करती हूँ, पर मैं कच्च से भी उतना ही प्यार करती हूँ। आप कुछ भी करें, मुझे कच्च चाहिये।

शुक्राचार्य ध्यान में बैठते हैं और देखते हैं कि कैसे असुरों ने कच्च के टुकड़े-टुकड़े करके भेड़ियों को खिला दिया है। शुक्राचार्य अपनी बेटी से कहते हैं, बेटी मैं क्या करूँ ? काम तो बहुत मुश्किल है क्योंकि

कच्च के शरीर के टुकड़े अलग-अलग जानवरों के पेट में पड़े हैं। अगर कच्च वापस चाहिये, तो उन सारे पशुओं के पेट को चीरकर उनमें से कच्च के टुकड़े निकालने पड़ेंगे और फिर कच्च जीवित हो सकेगा, परन्तु इसके लिए कई जानवरों की हत्या करनी होगी।

देवयानी कहती है, कुछ भी हो जाये मुझे मेरा कच्च चाहिए। मैं कच्च के बिना नहीं रह पाऊँगी। वह रोती है, आँसू बहाती है। तब शुक्राचार्य अपनी बेटी से कहते हैं, मैं तुम्हें नाराज़ नहीं कर सकता, इसलिये मैं संजीवनी मंत्र की शक्ति से कच्च को जीवित कर तुम्हारे सामने हाज़िर कर दूँगा। वे मंत्र की शक्ति से कच्च को वापस जीवित करते हैं। कच्च सच्चे शिष्य की तरह हाथ जोड़कर गुरु के सामने खड़ा होता है। गुरु उससे पूछते हैं कि बताओ तुम कहाँ गये थे? कच्च उन्हें सारी बात बताता है।

शुक्राचार्य कच्च को चेतावनी देता है कि आगे से सावधान रहना। कुछ असुर नहीं चाहते कि तुम मेरे पास रहो। उस दिन से बेचारी देवयानी रोज़ चिंतित रहती कि कच्च लौटेगा या नहीं? कुछ दिन बाद फिर असुर निकलते हैं। वे कहते हैं, इस बार हम कच्च को इस तरह मारेंगे कि शुक्राचार्य का मंत्र भी उस पर असर न कर सके। देखिए क्या करते हैं? कच्च को पकड़कर उसे मार देते हैं और उसके शरीर की चटनी बनाकर समुद्र में फेंक देते हैं।

देवयानी देखती है कि कच्च फिर नहीं लौटा। वह फिर रोती है, शुक्राचार्य ध्यान में बैठते हैं और देखते हैं कि कैसे असुरों ने कच्च को मारकर उसके शरीर की चटनी बनाकर समुद्र मे फेंक दी है। वह चटनी समुद्र के पानी में घुल गई है। वह कहता है, यह कोई मुश्किल काम नहीं है। संजीवनी मंत्र में इतनी शक्ति है कि समुद्र से कच्च के शरीर के तत्त्वों को इकट्ठा करके, उसमें प्राण फूँके जा सकते हैं। वह मंत्र का उपयोग करता है, फिर कच्च जीवित हो जाता है और सारी बात गुरु को बताता है।

तीसरी बार फिर असुर कोशिश करते हैं, इस बार वे सोचते हैं ऐसा कुछ करें, जिससे हमारे गुरु इसे फिर से जिंदा न कर सकें। उनके लिये कच्च में प्राण फूँकना नामुमकिन हो जाये। असुर कच्च को मारकर उसके शरीर को जलाते हैं और उसकी राख को शुक्राचार्य की शराब में मिला देते हैं। असुरों को मालूम था कि शुक्राचार्य रोज़ शराब पीता है। अब कच्च गुरु के पेट में पहुँच गया है। अगर कच्च बाहर निकलेगा तो गुरु नहीं बचेगा, अब गुरु रहेंगे या फिर कच्च। असुरों को पक्का विश्वास हो गया था कि अब कच्च वापस जिंदा नहीं होगा। देवयानी फिर से रोने लगती है। फिर से शुक्राचार्य ध्यान में बैठते हैं। देखते हैं, अरे, ये क्या हो गया? कच्च तो मेरे पेट में चला गया है। कच्च से पूछते हैं, बताओ ये सब कैसे हुआ? कच्च कहता है, गुरुदेव! अब तो मैं आप ही का एक हिस्सा, एक अंग बन गया हूँ।

पहले मैं गुरुकुल का एक हिस्सा था, पर अब तो मैं आपका हिस्सा हो गया हूँ। पहले में आपका शिष्य था, अब मैं आपका शिशु बन गया हूँ। मुझे बहुत खुशी है, पर देवयानी तो रोती जा रही थी पिता पुत्री को समझाते हैं, बेटी, तुम्हें हम दोनों में से किसी एक को चुनना होगा। अगर कच्च जिंदा रहेगा, तो मैं मरूंगा और अगर मैं जिंदा रहा तो कच्च जिंदा नहीं हो सकेगा। तुम जिसे चाहो उसे चुन लो।

मेरे प्यारे भाइयो और बहनो, अगर स्त्री ज़िद पर अड़े, तो फिर उसे छोड़ेगी नहीं। देवयानी कहती है, ना मैं आपके बिना ज़िंदा रह सकती हूँ और न ही कच्च के बिना। मुझे दोनों चाहिये, अगर कच्च ज़िंदा हुआ और आप मर गये तो मैं भी मर जाऊँगी और अगर आप ज़िंदा रहे और कच्च नहीं लौटा, तो आज से मैं भूख हड़ताल करूँगी, जब तक कि मैं मर नहीं जाती।

शुक्राचार्य सोचते हैं कि अब क्या किया जाये। कोई न कोई रास्ता तो निकालना ही पड़ेगा। फिर वे ध्यान में बैठते हैं और उन्हें उपाय सूझता है। वे कहते हैं, प्रिय कच्च! मैं तुम्हें संजीवनी मंत्र की शक्ति से

अपने पेट से बाहर निकालूंगा, पर उस वक्त मेरा पेट फट जायेगा और मैं मर जाऊँगा। मैं तुम्हें पहले संजीवनी मंत्र देता हूँ। जैसे ही मेरा पेट फटे और तुम बाहर निकलो, उसी समय तुम इस मंत्र द्वारा मुझे वापस जीवित कर देना। ऐसा ही होता है, संजीवनी मंत्र की शक्ति से कच्च शुक्राचार्य के पेट से बाहर निकलता है और शुक्राचार्य मर जाता है। फिर कच्च गुरु को जिंदा करता है। उसके बाद वह कहता है, अब मेरा कर्त्तव्य पूरा हो गया। मुझे जो शिक्षा लेनी थी वह गुरु ने मुझे दे दी है। गुरु से कहता है, गुरुदेव! अब अगर आप आज्ञा दें, तो मैं अपने देश लौट जाऊँ। मैं कई वर्षों तक आपके पास रहा। आपने मुझ पर बड़ी कृपा की है। जितनी कृपा एक पिता अपने पुत्र पर करता है, उससे भी कहीं अधिक कृपा आपने मुझ पर की है। मैं आपके अहसान कभी नहीं भूल पाऊँगा। अगर आप आशीर्वाद दें, तो मैं चलूँ।

उसी समय देवयानी आती है और कहती है, जाना कहाँ है? अब तुम्हें यहीं रहना है। अभी-अभी मैंने अपने कानों से सुना कि तुम पिताजी से कह रहे थे तुमने पूरी विद्या हासिल कर कर ली है। अब तुम विद्यार्थी नहीं हो, अब तुम्हें गृहस्थ-आश्रम में प्रवेश करना चाहिये। जिस दिन से तुम यहाँ आये हो, उसी दिन से मैं तुम्हें प्रेम करने लगी हूँ। मैं तुमसे दूर रहकर जिंदा नहीं रह सकती। कुछ भी हो, तुम्हें मुझसे विवाह करना पड़ेगा।

तब कच्च कहता है, मेरी बहन! हम दोनों गुरुकुल के हैं। मैं गुरु का पुत्र और तुम गुरु की पुत्री। भाई-बहन को अपने मन में ऐसे विचार नहीं लाने चाहिसे। मैं हमेशा तुम्हारा भाई बनकर रहूँगा, पर देवयानी की शुरू से ऐसी आदत थी कि जिस बात की ज़िद पकड़ती, उसे पूरा करके छोड़ती थी। आखिर देवयानी कहती है- कच्च अगर तुम मुझे छोड़कर गये तो मैं तुम्हें श्राप देती हूँ कि जो विद्या तुमने मेरे पिता से प्राप्त की है, उसका तुम कभी भी उपयोग नहीं कर पाओगे। वह तुम्हारे किसी काम नहीं आयेगी।

तब कच्च कहता है कि तुम मुझे श्राप दे रही हो क्योंकि तुम अज्ञानता में हो। इस वासना से अगर तुम ऊपर उठो, तो तुम्हारा यह जीवन कितना प्रफुल्लित हो जाये पर तुमने मुझे श्राप दिया है कि जो विद्या मैंने तुम्हारे पिता, अपने गुरु से ली है, उसका उपयोग मैं नहीं कर पाऊँगा। पर मैं यह विद्या किसी और को सिखा दूँगा। वह इस विद्या का उपयोग कर सकेगा। काम तो होकर ही रहेगा, पर तुम यह कभी नहीं भूलना कि मैं तुम्हारा भाई हूँ और तुम मेरी बहन हो। उस अवसर पर शुक्राचार्य ने यह आदेश दिया कि आज से शराब पीना गुनाह है क्योंकि यह सब तकलीफ शराब के कारण हुई है।

मेरे प्यारे भाइयो और बहनो, शराब की बुरी आदत के कारण कई घर बर्बाद हो गए हैं। कई लोग मुझसे कहते हैं कि हम अपने बच्चों की सगाई गुरुदेव साधु वासवानीजी के चरण कमलों में करना चाहते हैं। मैं कहता हूँ, ठीक है, पर तुम मुझसे एक वादा करो कि बच्चों की शादी के उत्सव पर जो भी दावतें होंगी वहाँ मदिरा और मांस का उपयोग नहीं होगा। आप को सुनकर आश्चर्य होगा, कितने ही लोग विदेशों से यहाँ आकर अपने बच्चों का विवाह करते हैं और बहुत प्रसन्न होते हैं। आइए, आज से प्रण करें कि मांसाहार और मदिरापान से दूर रहेंगे। हम सब पर प्रभु की ऐसी कृपा हो ताकि हम सब अपने जीवन को कुछ नियमों से बांधें। साधना के मार्ग पर आगे कदम बढ़ाते हुये एक भाग्यशाली दिन, हम भी अपनी जीवन यात्रा सफल करें।"

ॐ शांति! शांति! शांति! ◻◻◻

17
सही सोच की शक्ति

मेरे प्यारे भाइयो और बहनो, आप सबको मेरा हार्दिक प्रणाम!

श्रीमद्‌भगवद्‌गीता में श्रीकृष्ण अर्जुन से कहते हैं, हे अर्जुन! हर समय मेरा ही ध्यान करते हुए युद्ध करो, अर्थात् हे प्राणी! अपना काम-काज करते हुए दिल में सदा मेरा ही ध्यान करो। धन्य है वह इंसान जिसके विचार सारा समय प्रभु पर केंद्रित हैं। गीता में भगवान कहते हैं, हे अर्जुन! यदि तुम्हारा मन मुझ पर केंद्रित होगा, तो तुम मुझे ही पाओगे।

एक बार माता सीता से पूछा गया कि रावण ने तुम्हें कितना ललचाना चाहा, तुम्हें कष्ट दिये, तुम्हें कितना धमकाया, फिर भी तुम इतनी स्थिर कैसे रह पायी? माता सीता ने उत्तर दिया, मेरा दिल और दिमाग श्रीराम के विचारों से इस कदर भरा हुआ था कि किसी और चीज के बारे में सोचने की कोई गुंजाइश ही नहीं थी। मैं तो सदा श्री राम के विचारों में डूबी रहती थी।

हाँ मित्रों! विचारों में अनोखी शक्ति होती है। अफसोस! हममें से कितने लोगों को विचारों की शक्ति का पता नहीं है। एक के बाद एक विचार हमारे मन में उठते रहते हैं। दिन-रात विचारों का काफ़िला चलता रहता है। रोज़ करोड़ों विचार आते हैं, किन्तु हम अपने विचारों की ओर तनिक भी ध्यान नहीं देते। हम उनके महत्त्व को भी नहीं समझते। हम

कहते हैं, जाने दो, एक विचार ही तो था। नहीं, नहीं! याद रखिये विचार वह चीज़ है, विचार वह बल है, जिस पर हमारा जीवन आधारित है।

विचारों की शक्ति ही मनुष्य के चरित्र का निर्माण कर सकती है, उसे ऊँचा उठा सकती है या फिर उसका पतन भी कर सकती है। हम वही हैं, जो हम सोचते हैं। जो विचार बार-बार हमारे मन में उठता है, वह हमें कर्म करने पर मजबूर करता है और जब हम एक ही कर्म बार-बार करते हैं, तो वह आदत बन जाती है। हमारी तमाम आदतों से ही हमारा चरित्र बनता है और चरित्र से ही मनुष्य का मुकद्दर बनता है। याद रखना इन सारी बातों की जड़ है, मन में उठने वाले विचार।

हमारा मुकद्दर, हमारे चरित्र पर निर्भर करता है और चरित्र हमारी आदतों से बनता है। हर चीज़ की शुरुआत विचारों से होती है, इसलिये अपने विचारों पर काबू रखिये। अगर इंसान बुरे विचार मन में लाता रहेगा और वह बुरे कार्य करता रहेगा, तो उसे बुरी आदतें पड़ जायेंगी और उसकी प्रवृत्ति बुरी होगी, जो उसे अच्छा कार्य करने से रोकेगी। उसकी बुरी आदतों के कारण उसके मन में अच्छाई के लिये जगह ही नहीं रहेगी। पर आदमी यदि अच्छी बातें सोचता है, तो वह अच्छे कार्य करता है। उसकी प्रवृत्ति अच्छी होगी, फिर ऐसा आदमी जब गलत कार्य करना भी चाहेगा, तो उसकी अच्छी प्रवृत्ति उसे रोकेगी और वह बच जायेगा।

छत्रपति शिवाजी महाराज के जीवन की दिल को छू लेने वाली एक घटना है। उनकी फौज के सेनापति आभाजी ने एक बेहद आकर्षक मुस्लिम लड़की को बंदी बनाया और शिवाजी महाराज के पास तोहफे के रूप में ले आया। उस लड़की की सुंदरता अद्भुत थी। ऐसा लग रहा था, मानो उसका चेहरा संगमरमर से बनाया गया हो। आभाजी को लगा कि शिवाजी महाराज ऐसा तोहफा पाकर खुश हो जायेंगे। पर जानते हैं शिवाजी महाराज ने क्या किया? शिवाजी महाराज सिंहासन पर बैठे थे। लड़की दरबार में खड़ी थी। शिवाजी महाराज सिंहासन से उतरकर उस

लड़की के करीब आये। शिवाजी महाराज की माता जीजाबाई ने बचपन में ही उन्हें आत्म संयम और पवित्रता की शिक्षा दी थी। जब शिवाजी महाराज लड़की के करीब आये, तो वह लड़की सर से पाँव तक काँप रही थी। वह मन ही मन अल्लाह से कह रही थी, "हे परवरदिगार, तुमने मुझे इतना सुंदर क्यों बनाया? यह सुंदरता मेरे लिये श्राप बन गयी है। मुझे ये दुष्ट लोग पकड़ लाये हैं। पता नहीं अब मेरा क्या हाल करेंगे?" किन्तु शिवाजी महाराज ने अपना आशीर्वाद भरा हाथ उस लड़की के सर पर रखते हुये कहा, "तुम डरो मत, तुम मेरी बहन समान हो।" जब आभाजी ने शिवाजी महाराज के चलन को देखा तो वह शर्म से पानी-पानी हो गया। उसे अपनी करनी पर शर्मिंदगी महसूस हुई। शिवाजी महाराज ने आभाजी की ओर देखकर कहा-इस लड़की को इसके माता- पिता के पास पहुँचा दो और उसे ऐसे तोहफे दो, जो एक भाई अपनी बहन को भेंट करता है।

देखिये, नेक प्रवृत्ति वाला व्यक्ति कभी नहीं भटकता। हमारा स्वभाव और चरित्र हमारी आदतों पर निर्भर करता है। हम जो भी हैं, अगर हमारी आदतें खराब हैं, तो हम बुरे बनेंगे। अगर हमारी आदतें अच्छी हैं, तो हम अच्छे इंसान बनेंगे। इसलिये यह बेहद जरूरी है कि हम अपने विचारों का ध्यान रखें। यदि आप बुरी आदतों से पिण्ड छुड़ाना चाहते हैं, तो नई और अच्छी आदतें डालें। नयी और अच्छी आदतों के लिये आपको अपनी सोच बदलनी होगी, जिससे आप का जीवन बदल जायेगा, नवीन हो जायेगा।

कई लोग हैं जो तकदीर को दोष देते हैं। वे लोग कहते हैं, हमारी किस्मत खराब है, हम क्या कर सकते हैं? याद रखना मेरे मित्रों! आप अपने भविष्य के स्वयं जन्मदाता हैं। अपना मुकद्दर आप सवयं बनाते हैं। गुरुदेव साधु वासवानी जी कहते थे, "तुम स्वयं अपने भविष्य के निर्माता हो। तुम स्वयं अपना मुकद्दर लिखते हो। तुम स्वयं अपने पूर्वज हो।"

इंसान का स्वभाव रेशम के कीड़े की तरह है। रेशम का कीड़ा अपने ही पदार्थ से धागा बनाकर कोया बनता है और फिर स्वयं ही उसमें कैद हो जाता है। उसी प्रकार मनुष्य स्वयं आदतें पालता है और फिर उनका गुलाम हो जाता है। तब वह बेबस हो जाता है, फिर रोता है, चिल्लाता है, मदद के लिये पुकारता है, पर बाहरी मदद उसे नहीं मिलती। बाहरी मदद उसके किसी काम की नहीं होती। मेरे मित्रो! चाहे वह दुनिया के सारे मंदिरों में जाये, चाहे वह कितनी भी पवित्र नदियों में स्नान करे, कोई लाभ नहीं होगा। यदि सहायता मिलेगी तो सिर्फ भीतर से मिलेगी। मनुष्य को अपने सोचने का ढंग बदलना होगा और उसके लिये जरूरी है कि वह अपनी इच्छा-शक्ति का विकास करे। इच्छा-शक्ति बढ़ती है, प्रार्थना से। प्रभु से बार-बार प्रार्थना कीजिये कि वह आप को इच्छा-शक्ति प्रदान करें। प्रार्थना और प्रभु की कृपा से ही आप अपनी इच्छा-शक्ति का विकास कर सकते हैं, जिससे आपकी सोच बदल जायेगी और आप नये हो जायेंगे। मैं बार-बार यही कहूँगा कि अपने विचारों पर कड़ी निगरानी रखें।

मुझे याद है, कुछ साल पहले एक महिला मुझे मिली और कहा "मैं नफरत और ईर्ष्या की अग्नि में जल रही हूँ। अब मुझ से और सहा नहीं जाता, मैं आत्म-हत्या करना चाहती हूँ। जैसे-जैसे वह बोलती जा रही थी, उसका खूबसूरत चेहरा रात के अंधेरे की तरह काला पड़ता जा रहा था। मैंने उससे कहा, बहनजी! तुम अपने जीवन का अंत नहीं कर पाओगी, तुम केवल अपने शरीर को समाप्त कर सकती हो, पर शरीर को नष्ट करने से क्या लाभ होगा? जिस नर्क की आग में तुम जल रही हो, उसे अपने साथ ले जाओगी। फिर क्यों न इस समस्या का हल अभी ढूँढ़ लिया जाये। क्यों न तुम्हारे नर्क को स्वर्ग और खुशी में बदला जाये?"

उसने पूछा, "क्या यह मुमकिन है?" उसकी आँखों में आशा की चमक थी। तब मैंने उससे कहा, ऐसा क्या है जो प्रभु नहीं कर सकता?

प्रभु के आगे तो नामुमकिन भी मुमकिन हो जाता है। उसने पूछा, बताइये मैं क्या करूँ? मैंने उससे कहा, तुम जिससे नफरत और ईर्ष्या करती हो, उसे अपनी प्रिय सहेली समझकर उसे प्यार और शुभ भावनायें भेजो और प्रार्थना करो कि उस पर प्रभु की अपार कृपा हो और उसका कल्याण हो। उसने प्रार्थना की, चन्द मिनटों बाद उसने अपनी आँखें खोलीं और कहा—मुझे लग रहा है मेरा मन शांत हो गया है और आज मुझे पता चला है कि इंसान को खुशी बाहर से नहीं मिलती, सच्चा सुख तो उसके विचारों पर निर्भर करता है। इसलिये खुशी को पाने के लिये सोचने का ढंग बदलना है ।

मेरे प्रियजनों! याद रखना, स्वर्ग और नर्क कोई क्षेत्र नहीं हैं, ना ही ऐसी कोई जगह है, जहाँ इंसान मौत के बाद जाता है। स्वर्ग और नर्क हमारी चेतना की दो अवस्थायें हैं। इसी समय आप में से कई स्वर्ग में बैठे हैं और इसी क्षण आप में से कई नर्क में बैठे हैं। यह आपकी सोच पर निर्भर करता है। अगर आप वही सोचते हो, जो अच्छा और सच्चा है, पवित्र है, दया और प्रेम से भरा है और उसी अनुसार व्यवहार भी करते हैं, तो आप निश्चित रूप से स्वर्ग में हैं।

यदि आपके विचार नफरत, घृणा, बदले और ईर्ष्या जैसी भावनाओं से भरे हैं, तो आप निश्चित रूप से नर्क में जी रहे हैं। यदि आप स्वर्ग में निवास करना चाहते हो, तो वही सोचो, वही करो, जो स्वर्ग के निवासियों को करना चाहिये। स्वर्ग में हर कोई एक दूसरे की मदद करता है। स्वर्ग में कोई भी अपने बारे में नहीं सोचता। हर कोई दूसरे को खुश करने की कोशिश करता है।

बौद्ध धर्म की पुस्तकों में एक अद्भुत सपने का वर्णन किया गया है। एक भिक्षु ने सपना देखा, उसने सपने में एक फरिश्ते को देखा। वह फरिश्ता उससे कहता है, "क्या तुम मेरे साथ चलोगे, मैं तुम्हें दिखाऊँगा कि स्वर्ग कैसा होता है और नर्क में क्या है?"

तब फरिश्ता उसे पहले नर्क में ले गया। उसने देखा नर्क में दुबले, पतले लोग निवास कर रहे थे। वे मुश्किल से हिल-डुल सकते थे। उनके सामने छत्तीस प्रकार के व्यंजन रखे थे, जैसे गुलाब जामुन, फल, बर्फी, हलवा, पेड़े आदि। फिर भी वहाँ के निवासी इतने दुबले-पतले, कमजोर थे। आखिर क्यों? क्योंकि उनकी बाहें सीधी थीं। सीधी बाहों से वे चीजें उठा तो सकते थे, पर बांह को मोड़कर अपने मुँह में कुछ नहीं डाल सकते थे। नर्क में हर कोई अपने बारे में सोच रहा था, हर कोई सारा खाना स्वयं अकेला ही खाना चाहता था।

फिर फरिश्ता उसे स्वर्ग में ले गया। वहाँ के लोग तंदुरूस्त थे और उनके चेहरे खिले हुये थे। स्वर्ग में भी वे सारी मिठाइयाँ, सारे स्वादिष्ट व्यंजन रखे थे। स्वर्ग के रहने वालों की बांहें भी सीधी थीं। वे भी बांहें मोड़कर खाना अपने मुँह में नहीं डाल सकते थे, पर वहाँ एक बात का अंतर था। स्वर्ग के लोग मिठाइयाँ और स्वादिष्ट व्यंजन उठाकर एक दूसरे को खिला रहे थे। जिसको हलवा पसंद था, तो सामने वाला उसे हलवा खिला रहा था। जिसे गुलाब जामुन पसंद था, उसे गुलाब जामुन खिला रहा था। हर कोई दूसरे की जरूरत को पूरा करने में व्यस्त था। वे अपने बारे में नहीं सोच रहे थे।

नर्क में सब स्वार्थी थे। स्वर्ग और नर्क में यही अंतर है। अगर तुम स्वर्ग में रहना चाहते हो तो सात्विक विचारों को अपनाओ और उन पर अमल करो। दूसरों के सुख के बारे में सोचो। दूसरों को खुशी देने की कोशिश करो।

मेरे प्यारे भाइयो और बहनो! दिन भर हर इंसान के मन में लाखों करोड़ों विचार उठते हैं। ये विचार या तो खुशी के होते हैं या दु:ख के। विचार दो प्रकार के होते हैं, शुभ या अशुभ और प्रकृति का यह नियम है कि अच्छे या शुभ विचार हमेशा भला करते हैं और अशुभ विचार हानिकारक होते हैं। हो सकता है, किसी ने तुम्हारे साथ बुरा किया हो, तुम्हें धोखा दिया हो। अवश्य तुम्हारे मन में यह विचार उठेगा कि वह

स्वार्थी है। जिस समय यह विचार तुम्हारे मन में उठा, जिस समय तुमने उसे अपने हृदय में जगह दी, उसी समय वह तुम्हें नुकसान पहुँचायेगा क्योंकि बुरे विचार विष की तरह होते हैं, जो तुम्हारे जहन में घूमते रहते हैं। जब-जब भी तुम किसी बुरे या गलत विचार को अपने भीतर उठने देते हो, तब-तब तुम स्वयं को नुकसान पहुँचाते हो।

जब आप शुभ और सकारात्मक विचारों को दिल में जगह देंगे, तो आपकी तकलीफें अपने आप ग़ायब हो जायेंगी और आप स्वस्थ, और सुखी जीवन गुजार पायेंगे।

मेरे प्यारे भाइयो और बहनो! अपने सोचने के अंदाज को आप कैसे बदलें, उसके लिये अब मैं आपको कुछ सुझाव बताना चाहूँगा।

पहला सुझाव: जैसे ही सुबह आप अपनी आँखें खोलें, नींद से जागें, अपनी दिल की गहराई से कहें–प्रभु मैं तुम्हारा आभारी हूँ कि मैं जिंदा हूँ और मेरे जीवन की राह में कितनी सुंदर चीजें हैं। अगर आप अच्छी बातों की आशा करेंगे, तो अच्छी बातें ही होंगी। पर उसके लिये भी बेहद जरूरी है कि ये शब्द दिल की गहराई और विश्वास के साथ निकलने चाहिये। अपना बिस्तर छोड़ने से पहले, प्रभु का धन्यवाद करें कि हमारे पास आँखें हैं, हम देख सकते हैं। हमारे पास कान हैं, हम सुन सकते हैं, हमारे पास जुबान है, हम बोल सकते हैं और इसी तरह शरीर के बाकी अंगों के लिये भी प्रभु का धन्यवाद करें और कहें कि हम अपने शरीर द्वारा दूसरों की सेवा करेंगे, दूसरों के दुःख दूर करने की कोशिश करेंगे।

दूसरा सुझाव: क्रोध कभी न करें, दूसरों से खफा ना हों। हालात कैसे भी हों, अपने मन की शांति को भंग मत होने दीजिये। हमेशा खुश और शांत रहिये। भले ही आस-पास कुछ भी हो रहा हो। हमेशा बापू के तीन बंदरों की शिक्षा को याद कीजिये। एक बंदर कानों पर हाथ रखकर कहता है, "बुरा मत सुनो।" दूसरा आँखों पर हाथ रखकर कहता

है "बुरा मत देखो।" तीसरा मुँह पर हाथ रखकर कहता है, "बुरा मत कहो।" याद रखो, तुम इस दुनिया में दूसरों का भला करने आये हो। इसलिये अच्छे विचार रखो और अच्छा व्यवहार करो। यदि तुमसे कोई बहस करे, तो तुम्हें उत्तेजित नहीं होना चाहिये। अगर कोई तुम्हारी आलोचना कर रहा है, तो उसे सुना-अनसुना कर दो। अगर किसी ने तुम्हारी बुराई की और तुम उसका बुरा मान गये तो तुम स्वयं को हानि पहुँचा रहे हो।

महात्मा बुद्ध के बारे में कहते हैं, उनके पास एक आदमी आया और उनकी बुराई करने लगा, उसने कई अपशब्द भी कहे, पर गौतम बुद्ध शांति से मुस्कुराते रहे। जब बोलकर वह आदमी थक गया, तब बुद्ध ने उससे पूछा, मेरे भाई! यदि एक आदमी दूसरे आदमी के पास कोई तोहफा लेकर आता है और दूसरा उसे लेने से इंकार करता है, तो वह तोहफा किसका होगा? तब आदमी ने कहा, वह तोहफा उसका होगा, जो लाया था।

तब बुद्ध ने कहा, जो भी शब्द तुम तोहफे में लाये थे, उन सारे शब्दों को मैं लेने से इंकार करता हूँ। वे सारे शब्द तुम्हारे हैं और तुम्हारे साथ रहेंगे।

तीसरा सुझाव: रात को सोने से पहले सारे दिन में जो खूबसूरत पल ईश्वर ने तुम्हें दिये, उसके लिये उनका धन्यवाद करना न भूलें।

चौथा सुझाव: हमेशा दूसरों के भले के लिये, दूसरों के कल्याण के लिये, प्रभु से प्रार्थना करें। महात्मा बुद्ध ने अपने शिष्यों से कहा, रोज यह प्रार्थना करें, सब का मंगल हो, सब का कल्याण हो।

पाँचवाँ सुझाव: पूरे दिन में चौबीस घंटे होते हैं। उनका दसवाँ हिस्सा, जैसे कमाई का दसवाँ हिस्सा प्रभु को अर्पण करना चाहिये, वैसे ही समय का दसवाँ हिस्सा प्रभु के नाम कर दीजिये। वो समय प्रभु के नाम स्मरण को दें। ध्यान करें, सत्संग में आयें, कीर्तन करें। कीर्तन का

जीवन पर बहुत अच्छा प्रभाव पड़ता है। इससे तुम्हारा मन शुभ विचारों से भरा रहेगा। इससे तुम अपने विचारों पर संयम भी रख पाओगे। शुभ विचार एक कवच की तरह होते हैं, जो हमेशा हमारी रक्षा करते हैं। अपने मन को शुभ विचारों से भरें, तुम्हारे विचार तुम्हारी करनी को बदलेंगे, तुम नये इंसान बन जाओगे और एक खुशहाल जीवन जी सकोगे।

ॐ शांति! शांति! शांति!

18

सच्चे भक्त के गुण

मेरे प्यारे भाइयो और बहनो, आप सब को मेरा हार्दिक प्रणाम! भक्ति क्या है? संतों, महापुरुषों और महात्माओं ने कलियुग में परमात्मा को पाने के लिये भक्ति मार्ग को सबसे सरल मार्ग बताया है। इस युग में मनुष्य को कैसी-कैसी मुसीबतों का, कष्टों का सामना करना पड़ता है। मनुष्य सदा चिंता, तनाव और डर में रहता है। भक्ति कोई मुश्किल बात नहीं है। यदि कोई व्यक्ति दो मिनट प्रभु का ध्यान दिल में धरकर, सच्चे हृदय से प्रभु को प्रार्थना करे, हे प्रभु! मैं आप की शरण में आया हूँ, मुझे उस पार पहुँचा दो या इस तरह की कोई छोटी सी प्रार्थना करे, तो समझ लीजिये वह आदमी भक्ति के मार्ग पर चल रहा है।

पुराणों में एक बात का वर्णन किया गया है। एक अवसर पर कुछ भक्त जन प्रभु से पूछते हैं, प्रभु! आप का परम भक्त कौन है? इस पर भगवान कहते हैं, मेरा परम भक्त वह किसान है, जो दक्षिण भारत के एक गाँव में रहता है। भक्त जन उस किसान के पास आते हैं और देखते हैं कि वह गृहस्थी है और सारा दिन अपने काम में व्यस्त रहता है। अपने परिवार के पालन-पोषण की ज़िम्मेदारी उस पर है। सवेरे उठते ही आँखें बंदकर वह प्रभु का ध्यान करता है, "हे प्रभु! आपने मुझे इस दुनिया में भेजा है। मुझे ये जिम्मेदारियाँ दी हैं। मुझ पर अपनी कृपा दृष्टि बनाये रखना ताकि मैं अपने काम-काज करते हुये ये कभी न भूलूँ कि जो कुछ भी है, सब आप का है, मेरा कुछ भी नहीं है। मेरे भगवन! मैं

समस्त रूप से आप का हूँ। मुझे अपने चरणों में स्वीकार कर लो।" फिर वह अपने काम पर निकल जाता है। सारा दिन काम में व्यस्त रहता है। सांझ ढले घर आता है और रात को सोने से पहले दो मिनट प्रभु से प्रार्थना करता है–प्रभु! आपने मुझे इस दुनिया में भेजा है, मुझ पर कृपा करना ताकि मैं ये न भूलूँ कि ये घर-परिवार, खेत-खलिहान सब आपका है, 'ना कुछ मेरा सब कुछ तेरा, मेरे प्रभु! मैं भी समस्त रूप से तेरा हूँ!' जैसे ही वह यह प्रार्थना करता है, उसकी आँखों से झर-झर आसूँ बहने लगते हैं।

मेरे प्यारे भाइयो और बहनो! यही है भक्ति मार्ग और यह मार्ग सब के लिए खुला है। किसी भी उम्र का इन्सान हो, बच्चा हो या बूढ़ा, अमीर हो या गरीब, किसी भी जाति का हो, भक्ति मार्ग हर एक के लिये खुला है। अक्सर लोग कहते हैं, जब हम रिटायर होंगे, तब भक्ति करेंगे, अभी तो मज़ा कर लें। यह भी कोई वक्त है भक्ति करने का? और जब उम्र ढलने लगती है, तब एहसास होता है कि ऐसा सुनहरा अवसर हम ने अपने हाथों से गँवा दिया। अब बुढ़ापे में शरीर हमारा साथ नहीं दे रहा। भक्ति करने बैठते हैं तो कभी कमर में दर्द होने लगता है, तो कभी पीठ में, तो कभी टाँगों में। भक्ति करने बैठते हैं तो मन चंचल हो जाता है। वर्षों पुरानी बातें याद आने लगती हैं और हमारे मन को भटकाती हैं। इसलिए महापुरुष कहते हैं–"यही घड़ी, यही बेला।"

भगवान श्रीकृष्ण ने श्रीमद्भगवद्गीता के बारहवें अध्याय के अंतिम आठ श्लोकों में सच्चे भक्त के लक्षणों का वर्णन किया है। ये आठों श्लोक, बहुत सुंदर श्लोक हैं। गुरुदेव साधु वासवानी जी बार-बार कहते थे, 'यदि पूरी गीता का पाठ न कर सकें तो कम से कम बारहवें अध्याय का पाठ ज़रूर करें' और यदि पूरे बारहवें अध्याय का पाठ न कर सकें तो कम से कम इन आठ श्लोकों का पाठ अवश्य करें। आज तक पुणे में साधु वासवानी मिशन में हर रोज़ संध्या के समय सत्संग होता है। सत्संग के आरंभ में ये आठ श्लोक साधु वासवानी जी की

सुंदर मुरली जैसी मधुर आवाज़ में टेप रिकॉडर पर सुनाये जाते हैं। जिन्हें सुनकर लोगों के हृदय पवित्र हो जाते हैं।इन आठ श्लोकों में श्रीकृष्ण ने सच्चे भक्त के कई गुणों का वर्णन किया है। आज हम इन में से कुछ गुणों को समझने का प्रयास करेंगे।

मेरे प्यारे भाइयो और बहनो! सच्चे भक्त का पहला गुण है, उसके मन में किसी के लिये भी बैर नहीं होता। कोई उसके साथ कैसा भी व्यवहार करे, वह हर एक को अपना आशीर्वाद देता है। वह हमेशा सब की सेवा करता है। वह सब के लिये प्रार्थना करता है। चाहे कोई उसकी निंदा करे या कोई उसके लिये कड़वे शब्द बोले या फिर कोई उसके साथ दुर्व्यवहार करे, तो भी वह हमेशा उसका भला चाहता है। अगर कोई व्यक्ति हमारे साथ अच्छा व्यवहार नहीं करता या हमारा आदर नहीं करता या हमारी इज्ज़त नहीं करता, तो हमारे मन में उसके लिये कैसे-कैसे विचार उठने लगते हैं, पर सच्चा भक्त वही है, जिस के अंदर किसी के लिये बैर नहीं होता।

इब्राहिम, बल्क और बुखारा का बादशाह था। एक दिन उसके भीतर प्रभु को पाने की तड़प उठती है। वह सोचता है, मुझे ये राज -पाट नहीं चाहिये। ये सब जंज़ीरें हैं और एक दिन अपना सब कुछ, शानो-शौकत, राजसी वस्त्र, राज-पाट छोड़कर प्रभु की खोज में निकल पड़ता है।

एक गुरु के संपर्क में आता है, उनकी सेवा करता है, उनकी हर आज्ञा का पालन करता है। फिर एक दिन वह स्वयं संत बन जाता है, जिसके चरणों में हजारों-लाखों लोग आज भी सिर झुकाते हैं।

एक बार इब्राहिम एक नाव में सफर कर रहा था। उसके कपड़े मैले और फटे हुए थे। पैरों में जूते भी नहीं थे। पैर मिट्टी से सने हुए थे। देखने में वह गरीब अनपढ़ और गंवार लग रहा था। उसी नाव में दो युवक सफर कर रहे थे। इब्राहिम को देखकर उन लड़कों को मस्ती

सूझती है। एक लड़का गीत गाता है और दूसरा लड़का दो लकड़ियों से इब्राहिम की पीठ और सिर पर तबले की तरह बजाने लगता है। इब्राहिम प्रभु का सच्चा भक्त मुस्कुराता है और उन्हें कुछ नहीं कहता। मन ही मन उन के लिये भगवान से प्रार्थना करता है। अचानक वह अपने भीतर दैवी आवाज़ सुनता है, जो उससे कहती है, "इब्राहिम! अगर तुम कहो तो मैं इन दोनों को इसी पल खत्म कर दूँ। इन दोनों को यहीं डुबो दूँ, इन का सर्वनाश कर दूँ।"

देखिये, इब्राहिम खुदा से क्या कहता है, हे परवरदिगार इन का आप नाश करेंगे तो क्या होगा? अगर नाश करना ही है तो इन के अहम् का नाश करें, ताकि ये भी आप के भक्त बन जायें और आप के बताये मार्ग पर चल सकें। मेरे मौला! इन्हें नवजीवन का दान दें।

इब्राहिम की प्रार्थना प्रभु तुरंत स्वीकार कर लेते हैं। ये दोनों जो इब्राहिम के साथ गुस्ताखी कर रहे थे, एक ही पल में प्रभु की कृपा से बदल जाते हैं। इब्राहिम के चरणों में गिर कर माफी माँगते हैं, रो-रोकर इब्राहिम से कहते हैं–"अज्ञानतावश हम ने आपके साथ दुर्व्यवहार किया। किंतु आप ने हमें एक शब्द भी नहीं कहा और न ही आप ने हमारा बुरा सोचा। प्रभु की कृपा से हमें नवजीवन का दान मिला है। आप हमें अपना शिष्य स्वीकार करें और उस राह पर ले चलें, जो राह हमें प्रभु से मिला दे। हमें एहसास हुआ है कि हमें यह जीवन किस लिये मिला है।"

सच्चे भक्त का दूसरा गुण है, वह हर एक का मित्र है क्योंकि उसे इस बात का ज्ञान है कि प्रभु हर एक के अंदर विराजमान है। भगवान श्रीकृष्ण श्रीमद्भगवद्गीता में कहते हैं कि मैं हर एक प्राणी के हृदय में विराजमान हूँ। यदि हर एक के अंदर स्वयं प्रभु बसते हैं, तो फिर बैर किस से रखें? जो सच्चा भक्त है वह सब का मित्र होता है। न केवल इन्सानों का, बल्कि पशु-पक्षियों का भी वह मित्र होता है।

संत फ्रांसिस के बारे में बताते हैं कि वह घने जंगलों में चले जाते थे और अपनी मधुर वाणी से प्रभु के मीठे-मीठे गीत गाते थे। उनकी मधुर वाणी सुनकर जंगल के सारे पशु-पक्षी, हाथी-चीते आकर उनके सामने बैठते और उसके मधुर गीत सुनते थे। खरगोश आकर उनकी गोद में खेलते थे। पक्षी उनके कंधों पर बैठते थे। उन पशु-पक्षियों को यह एहसास था कि वे अपने सच्चे मित्र के निकट हैं।

सच्चे भक्त का तीसरा गुण है, वह विनम्र होता है। पहली बात बैर से दूर, दूसरी बात सच्चा भक्त सब का मित्र होता है और तीसरी बात, सच्चा भक्त विनम्र होता है।

एक बार हम ने गुरुदेव साधु वासवानी जी से कहा कि आप ने हमें भक्ति मार्ग के बारे में बहुत कुछ बताया है। अब हमें एक शब्द में भक्ति का रहस्य बतायें।

तब गुरुदेव ने कहा—भक्ति का रहस्य है दीनता। भक्त वही है, जो दीन है, जो कहता है, हे प्रभु! मैं तो सूरदास हूँ। मेरी आँखों की ज्योति तुम हो। मैं अपंग हूँ। मेरी लाठी, मेरा सहारा, तुम हो। मेरे प्रभु! मेरे जीवन का प्राण तुम हो। मेरे प्रभु! तुम्हारे बिना मैं कुछ भी नहीं हूँ। वह सब के आगे सिर झुकाता है। वह सदा दूसरों में गुण देखता है।

एक भक्त के बारे में बताया गया है, जिस का नाम गदाधर था। गदाधर वृंदावन में रहता था और रोज़ सत्संग करता था। उसका प्रवचन सुनने कई लोग आते थे। आस-पास के गाँवों से भी कई लोग उसके प्रवचन सुनने आते थे। जैसा निर्मल उसका स्वभाव था, वैसा ही उस में सेवा का भाव भी था। हर एक में अपने प्रभु का दर्शन करता था। हर एक की सेवा करते हुये, उसे ऐसा महसूस होता था कि वह अपने प्रभु की सेवा कर रहा है। वह यही समझता था कि ये सब कृष्ण के रूप हैं।

मेरे प्रियजनों! सच्चा भक्त एक-एक प्राणी में अपने प्रभु का दर्शन करता है।

जिधर देखता हूँ, उधर तू ही तू है,
कि हर शए में जलवा तेरा हू ब हू है।

यह बहुत ही ऊँची अवस्था है और इस अवस्था तक पहुँचने के लिये ही हमें यह जन्म मिला है।

भक्त गदाधर लोगों को प्रभु के बारे में कई बातें बताता था। उसकी आवाज़ में इतनी मिठास थी कि लोगों को ऐसा महसूस होता था कि मानो वे श्याम सुंदर की मधुर मुरली की तान सुन रहे हों। उस के गीतों के शब्द, हृदय की गहराई से निकलते थे और सुनने वालों के हृदय में घर कर जाते थे। भक्त गदाधर ने अपनी मीठी आवाज़ से सब लोगों पर जादू कर दिया था।

वृंदावन के निकट एक गाँव में एक मंदिर था। लोग उस मंदिर के महंत के पास आकर कहते हैं, एक सच्चा कृष्ण भक्त है, जो वृंदावन में सत्संग करता है और कई लोग उसके प्रवचन ध्यान से सुनते हैं। उसने लोगों पर जादू कर दिया है। आप भी चलकर उस भक्त के दर्शन करें। अगले दिन महंत सत्संग में आता है। भक्त गदाधर अपना प्रवचन शुरू करता है। महंत उसे एक टक देखता है। लोग मंत्रमुग्ध होकर उसका प्रवचन सुन रहे हैं। एक-एक शब्द, जो भक्त के मुख से निकल रहा था, ऐसा लग रहा था मानो शब्द की जगह मोती टपक रहे हों। थोड़ी देर बाद महंत के कानों में सिसकियों की आवाज पड़ती है। वह चारों ओर देखता है कि सारे सत्संगियों की आँखों से झर-झर आँसू बह रहे हैं, मानो गंगा जल बह रहा हो। महंत सोचता है कि इस सत्संग में, अकेला मैं ही एक ऐसा अभागा हूँ, जिस की आँखें सूखी हैं। श्रद्धा का एक आँसू भी नहीं बह रहा। वह सोचता है कि लोग क्या कहेंगे, जब उन्हें मालूम होगा कि मैं महंत हूँ। तब वे क्या सोचेंगे कि ये कैसा महंत है, जिस के हृदय में प्रभु के लिये कोई प्यास नहीं, प्रभु के लिए कोई भक्ति ही नहीं है, तब वह मन ही मन अपने आप से कहता है कि मैं

कल भी सत्संग में आऊँगा।

अगले दिन देखिए वह क्या करता है? वह एक छोटी सी डिबिया में पिसी हुई लाल मिर्च अपने साथ लाता है। जब भक्त गदाधर अपना प्रवचन शुरू करता है, तब सभी भाइयों और बहनों की सिसकियों की आवाजें उसके कानों में पड़ती हैं। वह देखता है कि सब लोग आँसू बहा रहे हैं। उस वक्त छिपकर वह डिबिया खोलकर लाल मिर्च अपनी आँखों में डालता है, जिस के कारण उसकी आँखों से भी आँसू बहने लगते हैं। अब महंत यह सोचकर खुश होता है कि वह भी रो रहा है। सब लोगों को ऐसा लगेगा कि भक्त गदाधर के शब्द उसके हृदय पर भी असर कर रहे हैं। पर एक आदमी ने उसे ऐसा करते हुए देख लिया।

प्रवचन समाप्त होते ही वह आदमी भक्त गदाधर के पास आकर कहता है, कल महंत आप का उपदेश सुनने यहाँ आया था पर उसकी आँखों से आँसू की एक बूंद भी नहीं टपकी। आज उसकी आँखों से झर-झर आँसू बह रहे थे क्योंकि उसने अपने साथ लायी हुई पिसी लाल मिर्च अपनी आँखों में डाली है। वह लोगों को दिखाना चाहता है कि देखो मेरी आँखें भी आँसू बहा रही हैं।

भक्त गदाधर आदमी की बात ध्यान से सुनता है और पूछता है, इस वक्त वह महंत कहाँ मिलेगा? तब आदमी कहता है, अभी-अभी वह बाहर निकला है। भक्त गदाधर जल्दी-जल्दी चल कर महंत के पास आता है और उसके चरणों में गिर पड़ता है। देखो भक्त की दृष्टि कैसी होती है? हमारी दृष्टि कैसी है? हमारी दृष्टि है दोष-दृष्टि और भक्त की दृष्टि है गुण-दृष्टि। भक्त गुण ग्राहक होते हैं। हर एक इन्सान में गुण खोज लेते हैं क्योंकि वे जानते हैं कि हर एक में प्रभु वास करते हैं। हर एक इन्सान में कुछ न कुछ गुण अवश्य होते हैं।

देखिये, भक्त गदाधर क्या कहता है–वह महंत के चरण पकड़ लेता है और कहता है, आप धन्य हैं, आप की आँखें धन्य हैं। शास्त्रों

में हमें बताया जाता है कि जो शरीर का अंग प्रभु का ध्यान नहीं करता, उस अंग को सज़ा देनी चाहिये। कल आप की आँखें रोई नहीं, तो आज आपने आँखों को सज़ा दी है। आप ने आँखों में लाल मिर्ची डाली है। आप ने कितना सुंदर उदाहरण सामने रखा है। आप जैसा इन्सान हमें कहाँ मिलेगा? देखो भक्त की महानता! उसने महंत में भी गुण खोज लिया। चारों ओर लोग इकट्ठे हो गये।

भक्त कहता है, जो भी शरीर का अंग श्याम सुंदर का ध्यान नहीं करता, उसे तुम सज़ा दो।यदि आप के हाथ श्याम सुंदर की सेवा में काम नहीं आते, तो उन्हें सज़ा देनी चाहिये। ये पैर श्याम सुंदर की ओर नहीं ले जाते हैं तो उन्हें सज़ा देनी चाहिये। ये कान अगर श्याम सुंदर का कीर्तन नहीं सुनते, तो इन्हें सज़ा देनी चाहिये। ये ज़ुबान यदि श्याम सुंदर का नाम नहीं जपती, तो उसे सज़ा देनी चाहिये, यह सबक आज महंत हमें सिखाने आये हैं।

भक्त गदाधर के ये शब्द सुनते ही महंत की आँखों से सचमुच आँसू बहने लगते हैं। अब तक लाल मिर्च के कारण उसकी आँखों से आँसू बह रहे थे। भक्त गदाधर महन्त को अपने गले से लगा लेता है। भक्त के गले लगने में एक अनोखी शक्ति थी। गले लगाने से महंत महसूस करता है कि उसके अंदर कुछ परिवर्तन आ गया, वह गदाध र से कहता है मुझे अपने चरणों में स्वीकार करो। मुझे अपना शिष्य बना लो, मेरा मार्ग-दर्शन करो ताकि मैं भी प्रभु के दर्शन कर सकूँ।

मेरे प्यारे भाइयो और बहनो! हम सदा अवगुण देखते हैं- क्योंकि हम समझते हैं कि हम दूसरों से ज्यादा बुद्धिमान हैं। हमें अपने ऊपर बड़ा गर्व है। किसी को अपनी ऊँची शिक्षा का अभिमान होता है, तो किसी को अपनी दौलत का, किसी को अपनी सुंदरता का तो किसी को अपने ऊँचे पद का अभिमान होता है और नहीं तो किसी-किसी को अपने खानदान और रिश्तेदारों का अभिमान होता है।

एक आदमी मुझे जब भी मिलता, तो कहता, जानते हो मैं कौन हूँ?

मैं Chief Justice का भतीजा हूँ। यदि दिन में वह तीन बार मुझ से मिलता, तो तीनों बार यही बात दुहराता। किसी को अपने बल और ताकत का अभिमान होता है।

एक आदमी बहुत पहलवान था। आस-पास के लोग उससे डरते थे। अचानक एक दिन उसे लकवा मार गया , उसका आधा शरीर बेकार हो गया। उसकी सारी शक्ति चली गयी। हमें यह कभी नहीं भूलना चाहिये कि जो कुछ हमें मिला है वह प्रभु से बख्शीश के तौर पर मिला है। हमारे सारे दुःखों की जड़ है, मैं ये, मैं वो, मैं क्या नहीं कर सकता? जब तक हम इस "मैं" के गुलाम बने रहेंगे, तब तक अहंकार हमारा पीछा नहीं छोड़ेगा। यह शब्द 'मैं' है तो बहुत छोटा सा, किंतु हमने उसे विराट रूप और आकार दे रखा है। वास्तव में हमारे अभिमान की जड़ है यह शरीर। मनुष्य स्वयं को शरीर समझ बैठा है। ये संसार की सारी चीजें, ये कुटुंब-कबीला, ये व्यापार-कारखाने, ये घर-दफ्तर, सब कुछ अपना समझ बैठे हैं, जिससे हमारे अंदर अंहकार उठने लगता है।

सत्संग से हमें यही सीखने को मिलता है कि हम वास्तव में कुछ और हैं, जिसे श्रीकृष्ण ने 'आत्मा' कहा है। यह आत्मा है जो शरीर रूपी वस्त्र धारण कर इस पृथ्वी पर आई है, जो सच्चा भक्त है वह जानता है कि यह शरीर एक साधन है, जिसके द्वारा उसे कर्म करना है। इसलिए वह अभिमान से मुक्त होता है। जब सच्चा भक्त अभिमान से मुक्त होता है, जब वह अपने सच्चे स्वरूप को पहचान लेता है, तब उसे अहसास होता है कि वह स्वयं ही है जो सब में विराजमान है।

अंहकार से दूर रहो! यही है शिक्षा, भारत के ऋषियों की। यही है शिक्षा, श्रीकृष्ण की और संतों महापुरुषों की। जब भक्त अंहकार से मुक्त हो जाता है तो उसके अंदर से एक ही पुकार उठती है:

'हाउँ कुछ नाहीं, ना कुछ मेरा, सत्गुरु साईं सब कुछ तेरा।'

ॐ शांति! शांति! शांति!

□□□

19
ऋषि अरूनी और उनकी शिक्षा

मेरे प्यारे भाइयो और बहिनो, आप सब को मेरा हार्दिक प्रणाम!

भारत की पावन भूमि पर कितने संतों, सत्पुरुषों, ऋषियों और मुनियों ने जन्म लिया है। उन में से एक थे ऋषि अरूनी। बचपन से ही उनके हृदय में प्रभु को पाने की प्यास थी।

यह जीवन क्या है? मौत क्या है? इन सब बातों को जानने की उनके मन में बहुत जिज्ञासा थी। वे देविका नदी के किनारे आते हैं और कुटिया बनाकर ध्यान साधना में अपना समय व्यतीत करते हैं। वं सोचते हैं, मैं कौन हूँ? यह शरीर तो नष्ट हो जायेगा, तो मैं कौन हूँ? इस पृथ्वी पर क्यों आया हूँ? मुझे यह मानव योनि क्यों मिली है? अपने मन को एकाग्र करते हैं, उनका अन्त:करण शुद्ध हो जाता है।

अरूनी पर प्रभु की कृपा होती है और वह तृष्णाओं से आज़ाद हो जाते हैं। उनके मुख पर अनोखा तेज चमकने लगता है। जो भी उनकी ओर देखता तो सोचता कि यह इंसान है या फिर कोई देवता? वे रोज़ देविका नदी में नहाने जाते थे। एक दिन वे नदी में नहा रहे थे तो उनकी दृष्टि नदी के किनारे पर खड़े एक शिकारी पर पड़ी, जिसके हाथ में तीर-कमान था, पर ऋषि अरूनी उसकी ओर ध्यान नहीं देते। उन के हृदय में सिर्फ एक प्रभु की याद समाई हुई थी।

नहाने के बाद अरूनी अपनी कुटिया की तरफ जाने लगे।

अचानक शिकारी उनके सामने आकर खड़ा हो गया और तीखे स्वर में बोला—"खबरदार, जो एक भी कदम बढ़ाया तो अपने तीरों से छलनी कर दूँगा, जो कुछ तुम्हारे पास है,वो मुझे दे दो।"

ऋषि अरूनी ने ये शब्द सुने, पर ध्यान नहीं दिया। शिकारी के शब्द सुने-अनसुने करते हुए वे आगे बढ़ गये, जैसे कुछ हुआ ही नहीं। शिकारी को पहली बार ऐसा व्यक्ति मिला था, जिस पर उसके शब्दों का कोई असर नहीं हुआ।

वैसे लोग उसकी आवाज सुनकर थर-थर कांपते थे। ऐसी निडरता देख शिकारी ने सोचा: मैं समझता था कि मैं बहुत शक्तिशाली हूँ। पर मुझ से अधिक शक्तिशाली तो यह व्यक्ति है, जिसके पास न तीर है, न कमान, जो अपनी मस्ती में चला जा रहा है। उसके पास जरूर कोई अद्भुत शक्ति होगी। शिकारी के हृदय में परिवर्तन आ जाता है। वह तुरंत अपना तीर और कमान फेंक देता है और ऋषि के चरणों में गिर पड़ता है, फिर पश्चाताप के आँसू बहाकर कहता है, "स्वामी! मुझे माफ करो, मैंने धन के लालच में कितने पाप किये हैं। मैं गुनहगार हूँ, दोषी हूँ। मैंने कितनों का खून किया है, मुझे आज तक इस का एहसास नहीं था, किंतु आज आपकी निडरता को देखकर मेरे मन में सजगता आ गई है, कृपया आप मेरा मार्ग-दर्शन करें।"

फिर भी ऋषि अरूनी उसके शब्द सुने-अनसुने करते हुए आगे बढ़ गये। शिकारी ऋषि के पीछे-पीछे चलने लगा। ऋषि अपनी कुटिया में चले गये। शिकारी बाहर बैठा रहा। जब-जब ऋषि अपनी कुटिया से निकलते, तो यह शिकारी जिसके हृदय में अब परिवर्तन आ गया था, उनके पीछे-पीछे जाता है। ऋषि बैठते थे तो वह भी बैठ जाता था। ऋषि खड़े होते, वह भी खड़ा हो जाता। ऋषि चलने लगते, वह भी चलने लगता, ऋषि ध्यान में बैठते, वह भी ध्यान में बैठने की कोशिश करता था। वह मानो ऋषि अरूनी का साया बन गया।

इस प्रकार दिन बीतते गये। ऋषि और शिकारी ने एक शब्द भी एक दूसरे से नहीं कहा। शिकारी को जब पता चलता था कि ऋषि अरूनी को किसी चीज़ की जरूरत है, तो वह तुरंत हाज़िर कर देता था। उसके जीवन का यही एक मकसद था कि ऋषि चाहे उससे बात करें या ना करें, उसने अपना जीवन उनके चरणों में अर्पित कर दिया है।

कई साल बीत गये, दोनों ने एक दूसरे से एक शब्द भी नहीं कहा। एक दिन ऋषि अरूनी देविका नदी में नहा रहे थे, तो अचानक एक चीता ऋषि अरूनी पर झपटा। पर चीता अरूनी ऋषि को पकड़े, उससे पहले ही शिकारी ने चीते पर तीर चलाया, चीता ढेर हो गया, उसके मुख से दर्द भरी आवाज़ निकली, जो ऋषि अरूनी ने सुनी। उनके मुख से ये शब्द निकले, "नमो नारायणाय, नमो नारायणाय।" ये शब्द सुनते ही चीते ने अपना दम तोड़ा और तुरंत उस चीते की देह से एक आकृति निकली, जिसने ऋषि अरूनी को बताया: मैं पिछले जन्म में एक अभिमानी राजा था, भले लोगों को कष्ट देता और उन्हें भला बुरा कहता था। आखिर उन्होंने मुझे श्राप दिया, "तुम ने हमें तंग किया है, हमारा जीवन पवित्र और निर्मल होते हुए भी तुमने हमें भला बुरा कहा है, हमारे बारे में झूठी बातें फैलायी हैं। इसलिये इस शरीर को छोड़ने के बाद तुम्हें चीते की योनि मिलेगी। उसके बाद मुझे पश्चाताप हुआ, मेरी आँखें खुल गई, अज्ञानता के पर्दे हट गये। मुझे एहसास हुआ कि मैं कितना अभिमानी हूँ। मैंने कितने गुनाह किये हैं। उनके बारे में भला-बुरा कहा है, फिर मैंने उनसे माफी माँगी और पूछा: क्या मेरे लिये कोई आशा है?"

उन्होंने कहा–आशा है क्योंकि अब तुम्हारे दिल में पछतावा है।

मेरे प्यारे भाइयो और बहनो! जिस के हृदय में पछतावा होता है, उसके लिए हमेशा उम्मीद होती है। आगे राजा ने बताया कि उन लोगों ने कहा: अगली बार तुम्हें चीते की योनि मिलेगी और एक शिकारी तुम्हें तीर मारेगा और तुम घायल हो जाओगे। मरने से पहले तुम एक

ऋषि के मुख से यह पवित्र मंत्र सुनोगे, "ॐनमो नारायणाय, ॐनमो नारायणाय।" तब तुम्हें मुक्ति मिल जायेगी।

आगे राजा बोला: मैं लोगों को बताना चाहता हूँ कि कभी भी भले लोगों के बारे में गलत अफवाहें मत फैलाना। उन पर कभी शक मत करना।

दूसरी बात, "ॐनमो नारायणाय, ॐनमो नारायणाय" एक अद्भुत मंत्र है, जो मंत्र आप किसी ऋषि के मुख से सुनेंगे, तो आप को मुक्ति मिल जायेगी। इतना कह कर वह आकृति गायब हो गयी।

अब ऋषि अरूनी शिकारी पर प्रसन्न होकर कहते हैं, तुम इतने वर्ष मेरे पीछे घूमते रहे, मेरी सेवा की, पर मैंने तुम पर ज़रा भी ध्यान नहीं दिया क्योंकि तुम्हारा अंतःकरण इतना साफ नहीं था कि मेरे शब्दों का असर तुम पर होता। अब मैं देख रहा हूँ कि तुम्हारा अंतःकरण उज्ज्वल हो गया है, तुम जो चाहो माँगो, मैं दूँगा। शिकारी की आँखों में आँसू भर आये। वह बोला, मैं आपसे क्या माँगूं? आप ने आज मुझे हज़ारों वर दे दिये। आप ने मेरी ओर देखा, थोड़े शब्द मुझसे कहे, इससे बढ़कर मुझे और क्या चाहिये? सिर्फ एक बिनती करता हूँ कि कृपया आप मुझे अपने चरणों के करीब रखें, मुझे अपना सेवक बना लें। इसके अलावा मेरे मन में और कोई इच्छा नहीं है।

ऋषि अरूनी उससे कहते हैं–मैं चाहता हूँ कि तुम परमगति प्राप्त करो, तुम श्री नारायण को प्राप्त करो।

शिकारी ने पूछा–"बताइये मैं श्री नारायण को कैसे प्राप्त करूँ? उनके चरण कमलों को कैसे पाऊँ?"

ऋषि ने शिकारी को सरल रास्ता बताया और कहा–तुम अपने जीवन में कोई न कोई आदर्श लो। उसे अपने जीवन में अपनाने की कोशिश करो। उसकी साक्षी अपने जीवन में दो। उसके लिए चाहे तुम्हें कितनी भी तकलीफों का सामना करना पड़े, चाहे कितने कष्ट झेलने

पड़ें, किंतु उस आदर्श को मत छोड़ना। श्री नारायण को हमारे शब्द नहीं चाहिये, उन्हें तो हमारा जीवन चाहिये।

वह शिकारी अब जिज्ञासु बन जाता है। उसके दिल में प्रभु को पाने की प्यास थी। उसने ऋषि अरूनी की शिक्षा को अपने जीवन में उतार लिया और सत्यतप के नाम से अमर हो गया।

मेरे प्यारे भाइयो और बहनो! ज्ञान प्राप्त करने के बाद ऋषि अरूनी ने सोचा, अब गृहस्थ-आश्रम में प्रवेश करूँ। प्राचीन भारत में ऐसा होता था, पहले ज्ञान फिर गृहस्थ। आजकल उसका उल्टा है, पहले गृहस्थ, ज्ञान हो या ना हो। इसलिए गृहस्थी में लड़ाई-झगड़े होते हैं, तलाक होते हैं।

गृहस्थ आश्रम में प्रवेश करने के बाद ऋषि अरूनी के यहाँ एक पुत्र का जन्म होता है, जिसका नाम 'श्वेतकेतु' रखते हैं। बारह वर्ष श्वेतकेतु अपने माता-पिता के साथ रहा। उसके बाद ऋषि अरूनी ने पुत्र से कहा, किसी ऋषि के आश्रम में जाकर शिक्षा प्राप्त करो।

श्वेतकेतु बारह वर्ष तक एक ऋषि के आश्रम में शिक्षा ग्रहण करता है। अब चौबीस वर्ष की आयु में वह घर लौट आता है। ऋषि अरूनी उससे पूछते हैं, "तुम बारह वर्ष हमसे दूर रहे, इन बारह वर्षों में तुमने क्या सीखा?"

श्वेतकेतु ने कहा, पिताजी, मैंने सब कुछ सीख लिया है, ऐसी कोई बात है नहीं, जिसके बारे में, मैं नहीं जानता। मैं सब कुछ जानता हूँ। यह जवाब सुनकर ऋषि अरूनी को दुःख होता है। वे सोचते हैं कि मेरे बेटे को सच्ची विद्या प्राप्त नहीं हुई, मेरा बेटा तो अज्ञानता के अंधेरें में है।

मेरे प्यारे भाइयो और बहिनो! सच्ची विद्या की तीन निशानियाँ हैं। पहली है विवेक, विवेकी व्यक्ति जानता है कि सच क्या है और झूठ क्या है? जब हमारा विवेक जागता है, तो हम जान लेते हैं कि ये सब बातें, जिसके पीछे संसार भाग रहा है, वे असत्य हैं, सब फानी हैं। सत्य

पदार्थ है प्रभु, नित्य पदार्थ है प्रभु का नाम, फिर हम इस पदार्थ को पाने की कोशिश करते हैं या नहीं?

सच्ची विद्या की दूसरी निशानी है, नम्रता। वह इंसान नम्र बन जाता है। विद्या वह जो हमें नम्रता का दान दे। ऐसा मनुष्य कहता है मैं कुछ नहीं हूँ, मैं कुछ नहीं जानता।

सच्ची विद्या की तीसरी निशानी है, पवित्रता। सच्चा इंसान वह है, जिसने अपनी इंद्रियों को वश में कर लिया है। जो अपने मन को काबू कर लेता है, इच्छाओं से दूर रहता है। हम इच्छाओं के गुलाम हैं। हमारे भीतर बार-बार तृष्णायें उठती हैं। कई बार हमारे भीतर शुभ भावनायें उठती हैं पर किसी न किसी तृष्णा के कारण सारी भावनायें लुप्त हो जाती हैं और हम अज्ञानता के अंधेरे से घिर जाते हैं।

हाँ, तो हम ऋषि अरूनी के बेटे के बारे में बात कर रहे थे। ऋषि अरूनी को अपने बेटे की हालत पर अफसोस होता है। वह अपने बेटे से कहते हैं: श्वेतकेतु, तुम कहते हो कि तुम सब जानते हो। मुझे बताओ, क्या तुम उस विद्या के बारे में जानते हो, जिस विद्या द्वारा तुम परमगति प्राप्त कर सको? मुझे बताओ यह सारी सृष्टि कैसे बनी? सृष्टि कहाँ से आयी? मनुष्य क्या है? श्वेतकेतु तुम कौन हो? तुम पाँच तत्वों के पुतले नहीं हो? यह पुतला तो खाक में मिल जायेगा, तो तुम कौन हो?

श्वेतकेतु इन सवालों के उत्तर नहीं दे पाता। कहता है, मुझे पता नहीं पिताजी! मुझे अब समझ में आ रहा है कि जिन बातों का ज्ञान मुझे होना चाहिये, उनका ज्ञान मुझे नहीं है। आप कृपया मुझे सच्ची विद्या दें, आत्मविद्या, ब्रह्मविद्या! मुझे बतायें, यह विशाल सृष्टि कहाँ से आयी? कैसे बनी? किस ने बनायी? मनुष्य क्या है? मैं कौन हूँ? मैं परमगति, मुक्ति पद कैसे प्राप्त करूँ?

ऋषि अरूनी अपने बेटे को शिक्षा देते हैं। यह शिक्षा चांदोग्य

उपनिषद् में दी हुई है, जो हम सब के लिये है। ऋषि कहते हैं, श्वेतकेतु! देखो मिट्टी के कितने सारे बर्तन पड़े हैं, जिन के नाम अलग-अलग है, पर सब एक ही मिट्टी के बने हैं। यदि एक बार तुम्हें मिट्टी के गुणों के बारे में पता चल जाये, तो तुम्हें इन सब बर्तनों के बारे में पता चल जायेगा। नारियों के पास कितने गहने होते हैं, पर सब गहने सोने के बने होते हैं। सोने को अलग-अलग आकार देकर गहने बनाये जाते हैं, पर सब हैं सोना ही। पुत्र श्वेतकेतु! उसी प्रकार यह सारी सृष्टि एक से ही निकली है। उस एक को पहचानो। एक को जानो, तो तुम्हें सारी सृष्टि का ज्ञान प्राप्त हो जायेगा। सारी सृष्टि एक से निकली है। उस एक के सिवा और कुछ है ही नहीं 'तत् त्वम् असी'! वह एक तुम स्वयं हो, यह भेद भाव जो दिखाई देता है, जुदाई दिखाई देती है, वह सच में जुदाई नहीं है, हम सब एक हैं।

पुत्र श्वेतकेतु! देखो बड़ का पेड़ कितना बड़ा है, उसकी छाया में कई लोग बैठ सकते हैं, पर यह पेड़ कहाँ से आया? जाओ, उस पेड़ से एक फल ले आओ। पुत्र फल ले आता है। ऋषि अरूनी ने कहा, 'बेटा! इस फल के दो हिस्से करो।' श्वेतकेतु फल के दो हिस्से करता है। ऋषि ने पूछा, 'बताओ तुम क्या देखते हो? इन दो हिस्सों में क्या है?'

बेटे ने कहा–'पिताजी, मैं इसमें अनगिनत बीज देख रहा हूँ।' ऋषि ने कहा, 'बेटा, एक बीज लो और उसके दो हिस्से करो।'

श्वेतकेतु ने उसके दो हिस्से किये।

पिता ने पूछा– 'बेटा! मुझे बताओ, इस बीज के अंदर क्या है?'

श्वेतकेतु ने कहा– 'पिताजी! अंदर तो कुछ नहीं है।

पिता ने कहा, जिसे तुम कुछ नहीं कह रहे हो, उस कुछ नहीं से इतना बड़ा पेड़ पैदा हुआ है। इसलिए तुम विश्वास रखो, एक है, जिससे यह सारी सृष्टि उत्पन्न हुई है। तुम जिसे कुछ नहीं समझ रहे हो, वही

सब कुछ है और वह स्वयं तुम हो, 'तत् त्वम् असी'!

मेरे प्यारे भाइयो और बहनो! श्वेतकेतु पिता की शिक्षा सुनकर आश्चर्य में पड़ जाता है। पिता से कहता है कि मुझे खुलकर विस्तार से समझाइये। यह एक जो है, कुछ नहीं, पर है सब कुछ उसके बारे में, मैं और जानना चाहता हूँ।

पिता ने कहा, पानी का गिलास ले आओ, उसमें नमक के कुछ टुकड़े डालो। रात का समय था। पिता ने कहा, बाकी बातें सुबह करेंगे।

सुबह उठ कर ऋषि ने कहा, 'बेटा! तुम ने नमक के टुकड़े रात को पानी में डाले, वह गिलास ले आओ।' श्वेतकेतु गिलास ले आया।

पिता ने कहा, 'नमक के जो टुकड़े तुम ने पानी में डाले थे, वे मुझे निकाल कर दो।'

श्वेतकेतु ने कहा–पिताजी! अब वे टुकड़े कैसे निकलेंगे? नमक तो पानी में घुल गया, नमक तो पानी से एक हो गया।

तब पिता ने कहा, 'तुम इस पानी को चखो, देखो कैसा स्वाद है?'

श्वेतकेतु ने एक घूंट पिया और कहा, 'पिताजी खारा स्वाद है।'

ऋषि ने कहा, 'थोड़ा पानी गिरा दो और बीच के पानी का स्वाद लो।'

श्वेतकेतु ने बीच के पानी पीकर कहा, 'पिताजी, इसका स्वाद भी खारा है।'

पिता ने कहा, 'पानी थोड़ा और गिराओ, शेष पानी पीकर उसका स्वाद बताओ।'

पुत्र ने पीकर कहा–इसका स्वाद भी खारा है। वह जो भी पानी पीता वह खारा था।

ऋषि ने कहा–'बेटा! यह सृष्टि भी ऐसी है। इस सृष्टि में जिन्हें आत्म-ज्ञान की प्राप्ति हुई है, वे यह बात समझते हैं कि सृष्टि के कण-कण में प्रभु विराजमान हैं क्योंकि शुरुआत में सिर्फ प्रभु ही था,

एक ही एक। शुरू में एक ही था, एक के सिवा और कुछ नहीं था। उस एक ने संकल्प किया, मैं एक हूँ, मैं अनेक बन जाऊँ। इस विचार से एक, अनेक बन गया और सारी सृष्टि पैदा हुई। उस एक से ज्योति निकली, एक से शब्द निकला, सारे तत्त्व निकले हैं और सारी सृष्टि पैदा हुई, हम सब में वह एक है, वह एक वास्तव में तुम स्वयं हो, तत्: त्वम असी। ऋषि अरूनी ने और कई बातें अपने बेटे श्वेतकेतु को बतायीं।

श्वेतकेतु कहता है: पिताजी! आश्चर्य! आप मुझे कृपया बताइये कि वह एक जो मैं स्वयं हूँ। उसे मैं कैसे ढूँढू, क्या करूँ? जब तक उस एक को मैं प्राप्त नहीं करता, तब तक मैं परमगति को नहीं पा सकता।

ऋषि ने कहा—पुत्र! यदि कोई व्यक्ति अपने घर में बैठा हो, उसे पकड़कर उसकी आँखों पर पट्टी बांधकर दूर किसी जंगल में छोड़ दिया जाये, तो वह क्या करेगा? वह अपने घर कैसे पहुँचेगा? पहले तो वह अपनी आँखों की पट्टी खोलेगा, फिर यहाँ-वहाँ देखेगा कि मेरा घर कहाँ है, जो लोग उसे मिलेंगे, उनसे अपने घर का रास्ता पूछेगा, काफी गाँव और शहर भटकने के बाद उसे एक ऐसा मार्ग-दर्शक मिलेगा, जो कहेगा, जिस घर का तुम पता पूछ रहे हो, उसके बारे में मुझे पता है, मैं तुम्हें वहाँ पहुँचा सकता हूँ।

मेरे प्यारे भाइयो और बहनें! हमारी भी यही हालत है। अपने निज घर से बिछुड़कर, हम इस संसार में आये हैं। हमने भी आँखों पर काम, क्रोध, लोभ, मोह और अहंकार की पट्टी बांध रखी है, इसलिए हम देख नहीं सकते। हमें ये पट्टी खोलनी होगी, फिर तलाश में निकलना होगा कि कोई ज्ञानी मिले, जो हमें अपने निज घर पहुँचाये। उसकी कृपा से ही हम परमगति प्राप्त कर सकते हैं।

ॐ शांति! शांति! शांति!

20
गुरु और शिष्य

मेरे प्यारे भाइयो और बहनो! आप सबको मेरा हार्दिक प्रणाम!

इस संसार में करोड़ों-अरबों की संख्या में जीव हैं। कई प्रकार के पशु-पक्षी, जीव-जन्तु, कीड़े-मकौड़े, सबमें से केवल मनुष्य ही ऐसा जीव है, जिसे इस बात का ज्ञान है कि वह इस पृथ्वी पर एक मुसाफ़िर है। वह इस लोक में सिर्फ कुछ समय के लिये रहने आया है। समय पूरा होने पर बुलावा आता है, "चल मेरे भाई!" यह शरीर मिट जाता है और हम आगे बढ़ जाते हैं।

ऐसा बताया जाता है कि इस पृथ्वी पर छः खरब लोग रहते हैं। उनमें से कितने ही अज्ञानता की नींद में सुप्त हैं।

गुरु अर्जुनदेव जी अपनी पवित्र वाणी में फरमाते हैं।

"करतूत पशु के, मानुष जात।" अर्थात् देखने में बेशक हम मनुष्य लगते हैं, पर हमारी करतूतें पशुओं जैसी हैं। कुछ भाग्यशाली लोग हैं, जो सचेत हैं और स्वयं से यह प्रशन करते हैं, बेशक! मैं इस पृथ्वी पर थोड़े समय के लिये आया हूँ, किन्तु यह पृथ्वी तो एक मुसाफिरखाना है और मैं एक मुसाफिर हूँ। मैं यहाँ किस कर्त्तव्य के लिये आया हूँ?

मेरे प्यारे भाइयो और बहनो! बाकी लोग तो अपना अनमोल जीवन व्यर्थ की बातों में गँवा रहे हैं और खुश हो रहे हैं। मानव योनि का सुनहरा अवसर हाथों से फिसलता जा रहा है। कितने लोग धन-सम्पत्ति

जोड़ने में व्यस्त रहते हैं। गुरवाणी में ये शब्द आते हैं "रतन त्याग, कौड़ी संग रचै!" अर्थात् प्रिय! तुम्हें रतन मिला है। तुम्हें मनुष्य जन्म का कीमती हीरा मिला है। तुम अपना बेशुमार खज़ाना लुटाकर बदले में कौड़ियाँ ले रहे हो। ये कौड़ियाँ तुम्हारे काम नहीं आयेंगी।

मेरे प्यारे भाइयो और बहनो! इस जन्म के द्वारा ही हम अपने प्रभु को पा सकते हैं और जन्म-मरण के चक्र से मुक्त हो सकते हैं। ऐसे में मनुष्य को किसी मार्ग-दर्शक की ज़रूरत होती है। वह सोचता है कोई हो, जो उसे राह बताये, जिस पर चलकर वह अपने प्रीतम, अपने प्रभु को पा सके। उस समय वह प्रभु को पुकारता है, हे प्रभु! मुझे भी किसी ऐसे संत, किसी सच्चे गुरु से मिलाओ, जो मुझे तुमसे मिलाये। उसे गुरु की जरूरत महसूस होती है। अक्सर जो लोग किसी दुःख का शिकार होते हैं, वे ही गुरु के पास खिंचे चले आते हैं। भगवान श्रीकृष्ण श्रीमद्भगवद्गीता में कहते हैं, हे अर्जुन! चार प्रकार के भक्त मुझे भजते हैं: 'आर्त', 'अर्थारथी', 'जिज्ञासु' और 'ज्ञानी'।

उनमें से एक है 'आर्त'। आर्त का मतलब है 'दुःखी इन्सान'। उसे कोई न कोई दुःख है, जिसे कोई भी मिटा नहीं सकता। ऐसा व्यक्ति डॉक्टरों के पास जाता है, साहूकारों के पास जाता है, पुलिसवालों के पास जाता है, बड़े-बड़े जंमीदारों के पास जाता है, बड़े-बड़े अफसरों के पास जाता है और कहता है, मेरा दुःख दूर करो। पर अफसोस! कोई भी उसका दुःख दूर नहीं करता। जब सब जगह से उसे निराशा होती है तो अंत में वह किसी न किसी संत के या किसी गुरु की शरण में आता है।

ऐसा नहीं है कि गुरु दुःख दूर कर देते हैं। इन्सान के पास जो दुःख आता है, वह उसी के पूर्व जन्मों के कर्मों के अनुसार आता है। सच्चा गुरु कभी भी कर्मों के सिद्धांत में दख्ल नहीं देता। जिस प्रकार ऑपरेशन करने के समय डॉक्टर मरीज को बेहोशी की दवा देता है, जिससे मरीज़ को ऑपरेशन से होने वाला दर्द महसूस नहीं होता। जब

उसे होश आता है, तो उसे बड़ा आश्चर्य होता है कि इतनी चीरफाड़ होने के बावजूद उसे तनिक भी दर्द महसूस नहीं हुआ।

उसी प्रकार सच्चा गुरु भी अपने शिष्य को 'नाम' रूपी बेहोशी की दवा देता है, जिससे शिष्य को किसी भी दुःख या दर्द का एहसास नहीं होता। गुरु शिष्य को हर स्थिति में सम रहना सिखाता है। देखिये गुरु कितने कृपालु होते हैं। तभी तो किसी संत ने कहा है:

'गुरु बिन ज्ञान न उपजे, गुरु बिन मिटे न भेद।
गुरु बिन संशय न मिटे, जय, जय, जय गुरुदेव।'

कभी-कभी हम जैसे नासमझ और अज्ञानी लोगों के मन में गुरु के प्रति अजीब व गरीब विचार आते हैं। हमारी कल्पना में यही दृश्य उभरता है कि गुरु वही जो हमेशा अपने आसन पर विराजमान रहें और उन के चारों ओर उनके शिष्य हाथ जोड़कर आज्ञा का पालन करने के लिए हमेशा हाज़िर हों और कहें कि गुरुदेव! हमारे लिये क्या आज्ञा है?

नहीं! नहीं! मेरे प्यारे भाइयो और बहनो! ऐसा नहीं है, सच्चा गुरु शिष्य का सेवक होता है। गुरु कहता है, 'मैं आप की सेवा करने के लिये आया हूँ।'

गुरुवाणी में ये शब्द आते हैं, 'सत्गुरु सिख की हलत पलत संवारै।' गुरु चुपचाप बैठकर हमारे आचरण और व्यवहार को देखते रहते हैं। गुरु सर्वज्ञाता हैं, उन्हें मालूम है कि हम काम कम करते हैं और उस का ढिंढोरा ज्यादा पीटते हैं।किसी दूसरे शिष्य ने गुरु का कार्य किया होगा और हम दौड़े-दौड़े आकर इस कार्य की सूचना गुरु को देंगे, जैसे कि यह कार्य हमने ही किया हो। आप समझते हैं कि गुरु को इन बातों का पता नहीं है।

मेरे प्रियजनों! गुरु को सब मालूम पड़ता है लेकिन वे ऐसे दिखाते हैं, जैसे उन्हें कुछ मालूम नहीं है। गुरु हमारे अहंकार का नाश करता है और वह भी हमारे हित के लिये, लेकिन हम गुरु को समझ नहीं

पाते। इसलिए हम चीखते हैं, चिल्लाते हैं और आवेश में आकर गुरु के बारे में न जाने कैसी-कैसी बातें करते हैं, उन्हें भला-बुरा कहते हैं। कभी-कभी आवेश में आकर गुरु से अपशब्द भी कह देते हैं।

इतिहास साक्षी है कि लोगों को गुरु की कद्र नहीं होती। उन के साथ कैसा दुर्व्यवहार किया गया है। गुरु अर्जुनदेव जी को उबलते हुए पानी में डाला गया। गुरु तेगबहादुर को कत्ल कर दिया गया। मनसूर की चमड़ी उतारी गयी और श्री ईशा को सूली पर चढ़ाया गया। पर जिन्हें गुरु की कद्र है, वे बार-बार गुरु का धन्यवाद करते हैं, वे अपने गुरु पर कुर्बान जाते हैं।

मेरे प्यारे भाइयो और बहनो! गुरु में सच्ची आस्था, अटल विश्वास रखें। वे जो भी करेंगे, उसमें ही हमारा भला है। गुरु हमारे परम हितैषी हैं। जो सच्चा शिष्य होता है, वह गुरु की सेवा करता है और वह कभी नहीं चाहेगा कि गुरु को इस बात का पता चले। वह निष्काम, निष्फल सेवा करता है। वह यही समझता है कि उन्होंने सेवा करने का अवसर दिया। इसी बहाने उस का जीवन थोड़ा बहुत सफल होगा। हम समझते हैं कि हमने गुरु का काम किया है। मतलब गुरु पर बहुत बड़ी मेहरबानी की। ऐसा नहीं है, यह तो गुरु की मेहरबानी है कि गुरु हमें अपना साधन बनाकर अपना कार्य कर रहे हैं। हमें सदा यही बात ध्यान में रखनी है कि हम साधन मात्र हैं। शास्त्रों में लिखा है,

"गुरुर्ब्रह्मा, गुरुर्विष्णु, गुरुर्देवो महेश्वरा, गुरु साक्षात परब्रह्म, तस्मैं श्री गुरुवै नमः !"अर्थातः गुरु ही ब्रह्म हैं और गुरु ही विष्णु हैं, गुरु ही साक्षात् पारबह्म हैं, उस गुरु के चरणों में मेरा नमन स्वीकार हो।

मेरे प्यारे भाइयो और बहनो! गुरु को हम से क्या चाहिये? एक दिन हमने गुरुदेव साधु वासवानी जी से पूछा, 'आप को कैसे लोग चाहिये? आप को विद्वान चाहिये या ऊँची-ऊँची पदवी वाले लोग चाहिये?'

इस प्रश्न के उत्तर में गुरुदेव ने कहा, 'नहीं, मुझे इन से कोई मतलब नहीं है। मुझे तो नम्र लोग चाहिये।'

मेरे प्यारे भाइयो और बहनो! गुरु को तलाश है, नम्र और सरल स्वभाव के लोगों की। जो नम्र और सरल हैं, वे ही गुरु के पास टिक सकते हैं। जो आज्ञाकारी हैं, वे ही गुरु के पास टिक सकते हैं। अंहकारी लोग गुरु के पास टिक नहीं पाते क्योंकि वे हर पल यही सोचते हैं कि हम क्या किसी से कम हैं? गुरु को सरल, नम्र स्वभाव वाले शिष्यों की खोज रहती है।

एक ऐसे ही शिष्य का वर्णन पुराणों में किया गया है। संदीपन के गुरु अंगीरस का नाम आप में से कई लोगों ने सुना होगा। महर्षि अंगीरस बहुत ही प्रसिद्ध ऋषि हैं। एक दिन वे सोचते हैं, शिष्य तो बहुत सारे हैं, किंतु कैसे ज्ञात हो कि इन में से मेरा सच्चा शिष्य कौन है?

मेरे प्रियजनों! जहाँ कोई बड़ा और प्रसिद्ध गुरु हो, वहाँ शिष्यों और प्रसादों की कमी नहीं होती। इन में से कुछ शिष्य मिठाई के शिष्य होते हैं, तो कुछ प्रसाद के शिष्य होते हैं। वास्तव में वे शिष्य नहीं होते। महर्षि अंगीरस सोचते हैं कि जीवन का अंतिम समय निकट आ रहा है। शरीर त्यागने से पहले मैं जान लेना चाहता हूँ कि मेरा सच्चा शिष्य कौन है?

एक दिन सभी शिष्य बैठे हैं और गुरु उनसे कहते हैं, "मेरे पिछले कर्मों के अनुसार बहुत जल्द मुझे कुष्ठ रोग होने वाला है। मेरे पूरे शरीर से पीप निकलने लगेगा, इसलिए मैं चाहता हूँ कि मैं काशी जाकर रहूँ और तुम में से कोई एक मेरे साथ वहाँ चलकर मेरी सेवा करे। जब मुझे कुष्ठ रोग होगा, तब मेरे नेत्रों की ज्योति भी चली जायेगी और मैं सूरदास हो जाऊँगा। फिर मेरी सेवा करना बहुत मुश्किल होगा। मैं तुमसे यह नहीं कहता कि तुम मेरी सेवा करो, पर यदि कोई मेरी सेवा करना चाहे, तो मुझे बताना। सभी शिष्य एक दूसरे का मुँह ताकने लगे। सोचते हैं कि गुरु को कुष्ठ रोग होगा, तो मिठाइयाँ तो नहीं मिलेंगी।

सब शिष्य एक दूसरे की ओर देखते हैं और अंत में इस नतीजे पर पहुँचते है कि यह कार्य एक अकेले इंसान से तो होगा नहीं, इसलिए एक आठ-दस शिष्यों का समूह हो, सब थोड़ा-थोड़ा काम आपस में बाँट लें और सब मिलकर गुरु की सेवा करें। गुरु ने इतने वर्षों से हमारा ध्यान रखा है। अब समय आया है कि हम गुरु की सेवा करें। गुरु से कहते हैं, गुरुजी! अगर आप अनुमति दें, तो हम आठ-दस शिष्य आप के साथ चलें और वहाँ सब मिलकर आपकी सेवा करें।

इस पर गुरुजी कहते हैं कि मुझे केवल एक ही शिष्य चाहिये, एक ही शिष्य, जो मेरी देखभाल करे। गुरुजी देखते हैं कि एक छोटा सा शिष्य जिस का नाम संदीपन था, उठता है और कहता है, गुरुदेव! आप मुझ पर कृपा करें। मुझे शक्ति दें, मैं अकेले ही आप की सेवा करने को तैयार हूँ।

तब गुरु कहते हैं, तुम सब से छोटे हो और तुम अभी नये-नये मेरे पास आये हो। ये सब शिष्य तो पिछले कई वर्षों से मेरे साथ रहे हैं, इन सब को मालूम है कि सेवा कैसे करनी चाहिये। तुम्हें तो ठीक से मालूम भी नहीं है कि गुरु की सेवा कैसे करनी चाहिये? तुम यह कार्य कैसे कर सकोगे?

शिष्य कहता है, गुरुदेव! बस आप की कृपा की जरूरत है, आप सिर्फ अपनी कृपा मुझ पर बनाये रखें। बाकी सब कार्य आसान हो जायेगा। गुरु कहते हैं, फिर तुम्हें तो मालूम ही होगा कि कुष्ठ रोग और उस पर सूरदास ऐसा इन्सान स्वभाव से चिड़चिड़ा हो जाता है। छोटी बड़ी बात पर नाराज हो जाता है। तुम ये सब बातें सहन नहीं कर पाओगे, तुम अभी उम्र में छोटे हो।

संदीपन कहता है, गुरुदेव! अगर आप की कृपा हुई तो सब अच्छा ही होगा। तब महर्षि अंगीरस और उनका छोटा सा शिष्य संदीपन दोनों काशी की ओर रवाना होते हैं। काशी पहुँचते ही गुरु को कुष्ठ रोग हो

जाता है और उनके सारे शरीर से पीप टपकने लगता है। गुरु का स्वभाव अब बेहद चिड़चिड़ा हो जाता है। बात-बात पर शिष्य को डाँटते हैं और कहते हैं, मैंने तुम से पहले ही कहा था कि तुम यह काम नहीं कर पाओगे। किंतु तुम ने बहुत हठ किया, तुम्हें तो सेवा करनी आती भी नहीं।

शिष्य बेचारा तो गुरु की अच्छी तरह सेवा करता था। कोई भी कार्य अधूरा नहीं छोड़ता था। केवल भिक्षा माँगने के लिये और गुरु के वस्त्र धोने के लिए अपने गुरु से दूर जाता था। जब उसे अपने गुरु के वस्त्र धोने के लिए जाना पड़ता, तो वह गुरु से कहता, गुरुदेव! अगर आप आज्ञा दें तो मैं नदी पर जाकर आप के वस्त्र धो आऊँ। मैं जल्द ही वस्त्र धोकर वापस आ जाऊँगा। जब वह गुरु के वस्त्र धोता, उस समय उसके दिल से यही एक पुकार उठती, हे प्रभु! मुझ पर तुम अपनी कृपा-दृष्टि बनाये रखना। मैं भी तो एक रोगी हूँ। मेरे गुरु को तो शरीर का रोग है, पर मेरी आत्मा को रोग लगा हुआ है। मेरी आत्मा को स्वस्थ करना।

दूसरी बार वह भिक्षा माँगने के लिये अनुमति माँगता था। वह जाकर भिक्षा माँगता ताकि कुछ रोटी मिले, जिससे वह अपने गुरु का पेट भर सके। गुरु सूरदास हो गये, उन्हें खाना दिखायी भी नहीं पड़ता था। पर उससे पहले ही चिल्लाना शुरू कर देते थे, कैसा खाना तुम्हें भिक्षा में मिला है? दूसरे शिष्य भिक्षा में कितना अच्छा खाना लाते हैं। हलवा और पूरी लाते हैं।

गुरु उठते-बैठते उस बेचारे को डाँटते रहते पर संदीपन कहता, गुरुदेव! मुझे क्षमा करें, मुझ से भूल हो गई। अगर आप की कृपा दृष्टि मुझ पर होगी तो मैं आप की अच्छी तरह सेवा करूँगा। गुरुदेव आप मुझ पर कृपा करें। कभी भी शिष्य ने पलटकर अपने गुरु को जवाब नहीं दिया। वह चाहता तो कह सकता था कि गुरुदेव! मैं आपकी इतनी सेवा करता हूँ, फिर भी आप मुझे डाँटते रहते हैं, किंतु वह लगातार सेवा

करता रहा क्योंकि वह एक आदर्श सेवक और एक आदर्श शिष्य था। हर पल, हर समय वह मन ही मन "ॐ नमः शिवाय" का जाप करता रहता।

कुछ समय बाद उसे शिवजी के दर्शन होते हैं, शिवजी स्वयं उसके सम्मुख खड़े होते हैं और कहते हैं, वत्स! तुम ने गुरु की इतनी सेवा की है और तुम ने मेरे नाम का जाप किया है, इसलिए मैं स्वयं तुम्हारे पास आया हूँ, यह पूछने कि तुम्हें क्या चाहिये? जो कुछ तुम्हें चाहिये, वह मैं तुम्हें प्रदान करूँगा।'

शिष्य कहता है, हे प्रभु! मुझे अपने लिये तो कुछ नहीं चाहिये, पर मेरे गुरुदेव जिनके पूरे शरीर पर कुष्ठ रोग हो गया है और वे सूरदास हो गये हैं, कृपया आप उन्हें ठीक कर दीजिये। मुझे और कुछ नहीं चाहिये।

शिवजी बोले : ठीक है, तुम जाकर अपने गुरु से पूछकर आओ क्या वे ठीक होना चाहते हैं, तो मैं उन्हें अभी इसी पल ठीक कर दूँगा।

शिष्य अपने गुरु के पास आकर कहता है, गुरुदेव! भगवान शिव बाहर खड़े हैं। वे कहते हैं तुम गुरु से पूछकर आओ कि क्या वे ठीक होना चाहते हैं? तो मैं उन्हें ठीक कर दूँ।"

यह सुनते ही गुरु शिष्य से कहते हैं, मैंने तुम से पहले ही कहा था, तुम्हारा मेरा कोई संबंध नहीं है और अब तुम मेरे कर्मों के रास्ते में आ रहे हो। तुम चाहते हो कि मैं ठीक हो जाऊँ ताकि फिर अगले जन्म में मुझे इस से भी ज्यादा हिसाब-किताब देना पड़े। मैं चाहता हूँ कि मैं इसी जन्म में अपने कर्मों का हिसाब देकर मुक्त हो जाऊँ। तुम यह कौन सी बात लेकर मेरे पास आये हो? तुम तो मेरे दुश्मन हो, मेरे वैरी हो। तुम्हें चाहिये, तो तुम लौट जाओ, मैं यहाँ पर अकेला रह लूँगा।

बेचारा शिष्य डर जाता है और बाहर आकर शिवजी से कहता है कि मेरे गुरुदेव ठीक होना नहीं चाहते। आप चाहें तो जा सकते हैं। उसे

लगा, ऐसा न हो कि गुरुदेव बाहर आकर शिवजी पर गुस्सा करें, फिर से वह गुरु की सेवा करने लगा। कुछ समय बीत गया फिर भगवान विष्णु ने शिष्य को दर्शन दिये। देखिये! भगवान स्वयं सच्चे शिष्य की तलाश में हैं। संत कबीर अपनी वाणी में कहते हैं:

कबीर, मन निर्मल भया, जैसे गंगा नीर,

पाछे लागौ हर फिरै कहत कबीर, कबीर!

उस के बाद भगवान विष्णु संदीपन के पास आते हैं। भगवान विष्णु को देखकर उसे आश्चर्य होता है। वह कहता है, हे प्रभु! मैंने आज तक कभी भी आप की पूजा नहीं की और ना ही आप को पाने के लिए कुछ यत्न किया है, फिर आप कैसे मुझे दर्शन देने चले आए?

तब भगवान विष्णु कहते हैं, प्रिय, गुरु और भगवान के बीच कोई भेद नहीं है। गुरु और प्रभु एक ही हैं। तुम ने गुरु की निष्काम भाव से इतनी सेवा की है, मानो तुमने मेरी सेवा की है, इसलिये मैं स्वयं तुम्हारे पास आया हूँ। माँगो, जो तुम्हें चाहिये।

शिष्य कहता है: अगर मेरे गुरु ठीक होना चाहें तो उन्हें स्वस्थ करें। आप ने मुझे महर्षि अंगीरस जैसे गुरु दिये हैं, मुझे और कुछ नहीं चाहिये।

वह अंदर जाकर कहता है, गुरुदेव! भगवान विष्णु ने दर्शन दिये हैं। वे बाहर खड़े हैं। अगर आप कहें तो .... बस! इसके बाद आगे वह कुछ नहीं बोलता क्योंकि उसे पिछली बार की गुरु की डाँट याद थी।

गुरु फिर से उसे डाँटने लगे और कहने लगे–तुम फिर वही बात लेकर मेरे पास आये हो। चले जाओ यहाँ से, फिर कभी ऐसी बात मुझसे मत करना। बेचारा संदीपन डरते-डरते बाहर आता है और विष्णु भगवान के चरणों में सिर झुकाकर कहता है, प्रभु! गुरुजी ठीक होना नहीं चाहते। जैसी गुरु की इच्छा क्योंकि गुरु जो भी कहते है, उसमें कोई

राज़ होता है।

विष्णु भगवान के जाने के बाद जब वह गुरु की कुटिया में लौटता है, तो गुरु उससे कहते हैं, मेरे प्रिय! तुम मेरे पास आओ। यह जो कुष्ठ मेरे शरीर पर देख रहे हो, वह मेरे कर्मों का हिसाब नहीं है, यह तो एक स्वांग है, जो मैंने जानबूझ कर रचा है ताकि मैं जान सकूँ कि मेरा सच्चा शिष्य कौन है? गुरु शिष्य से कहते हैं, अब तुम मेरी ओर देखो और अपना हाथ मेरे शरीर पर फिराओ। संदीपन के हाथ फिराते ही गुरु स्वस्थ हो जाते हैं। आँखों पर हाथ फेरने से उन की दृष्टि वापस आ जाती है। गुरु शिष्य को अपने पास बुलाकर अपनी गोद में बिठाकर कहते हैं, प्रिय तुम्हारी जीत हुई, तुम्हारा नाम युग-युगांतर तक रोशन रहेगा।

मेरे प्रियजनों! ईश्वर करे हम भी संदीपन जैसे सच्चे शिष्य बनें, और एक शुभ दिन गुरुदेव के चरण कमलों को पायें ताकि हमारा जन्म सफल हो!

ॐ शांति! शांति! शांति!

www.ingramcontent.com/pod-product-compliance
Lightning Source LLC
Chambersburg PA
CBHW031955080426
42735CB00007B/408
9788187662600